Ingrid Riedel

Traumbild **Fuchs**

Von der Klugheit unserer Instinkte

Walter-Verlag
Olten und Freiburg im Breisgau

Gesamtherstellung in den grafischen Betrieben
des Walter-Verlags
Printed in Switzerland

ISBN 3-530-69112-7

Inhalt

Einführung

Vom Fuchs zu träumen, verhieß nach dem Glauben der Zigeuner künftige Gesundheit und Wohlergehen. Bei den Römern – wie heute noch im Schweizer Sarganser Land – bedeutete ein Fuchstraum nichts Gutes. Bei den Siebenbürger Sachsen lief die Meinung um, man bekäme es auf solch einen Traum hin alsbald mit hinterlistigen Leuten zu tun (Bächtold-Stäubli).

Was ist von solchen alten Volkstraditionen im Blick auf die Traumdeutung zu halten? Wie wir sehen, widerspricht die Deutung der Zigeuner, die im Fuchs einen Glücksbringer sieht, derjenigen der Römer diametral, die ihn für einen Unglücksboten hält. Doch muß das noch nicht bedeuten, daß sich nicht bei beiden Überlieferungen alte Erfahrungsweisheit niedergeschlagen haben könnte, Erfahrungen mit der realen Konsequenz von Träumen für den Träumer; Erfahrungen aber vor allem mit dem Fuchs selber. Sie bestimmen, als Erwartung oder Vorurteil gegenüber diesem Tier, auch die Einstellung gegenüber den Träumen von ihm. Die Zigeuner schätzten den Fuchs: Sie vermochten seinem freien Jagen, seiner Instinktsicherheit und Klugheit, mit denen er sich das Lebensnotwendige in allen Notlagen zu verschaffen wußte, etwas abzugewinnen. Sie hatten nichts zu verlieren durch den Fuchs: Sie hielten sich keine Lämmergehege und Hühnerställe, die er hätte ausrauben können. Sie folgten vielmehr selbst auf ihren Wanderungen ihren Intuitionen und Instinkten. Da sie ihn schätzten, aßen sie in frühen Zeiten auch sein Fleisch: um dadurch, wie es dem Glauben aller alten Völker entsprach, Anteil an seinen wertvollen Kräften zu bekommen. Die alten Römer - auch die unter christlichem Einfluß stehenden Völker - hätten sein Fleisch niemals angerührt.

Bei den Seßhaften und Eingesessenen, von den Römern bis zu den Sargansern und Siebenbürger Bauern, gilt der Fuchs eher als Eindringling, als listiger Störenfried, als Räuber und maßlos gieriger Fresser. Eine auf dem Bauernhof aufgewachsene Frau konnte mir köstlich davon erzählen, wie es herging, wenn der Fuchs gelegentlich in den Hühnerstall einbrach: große Aufregung unter den Leuten - von den hektisch umherflatternden Hühnern gar nicht zu reden -, jeder suchte fluchend nach einem Gerät, um den Fuchs zu fangen, zu schlagen oder gar zu töten: wobei der Fuchs mit Sicherheit im allgemeinen Durcheinander zu entkommen wußte. Sie selbst, die auch ein nicht ganz so domestiziertes Wesen war und lebhafte Ausbruchsgelüste gegenüber der in sich geschlossenen bäuerlichen Welt hegte, hielt innerlich immer zum Fuchs und hatte Spaß daran, wie er, nachdem er alles Geordnete durcheinander gebracht hatte, jedesmal geschickt entwischte.

Sympathie oder Antipathie gegenüber dem Fuchs bestimmen also deutlich die Bedeutungen, die man innerhalb der volkstümlichen Traditionen dem Fuchs im Traum zuschrieb. Natürlich gehören sie zu den Assoziationen, die man zum Fuchs haben kann, und von denen jede einzelne wichtig ist: für den einzelnen jedenfalls, der sie zu seinem Fuchstraum assoziiert. Für den Umgang des Träumers mit seinem eigenen Traum ist es dagegen weniger wichtig, in alten Traumbüchern wie denen des Artemidor, in denen die Deutung der Römer zu finden ist, oder auch in modernen Lexika der Traumsymbole nachzuschlagen, als vielmehr sich selbst zu fragen, was er mit Füchsen erlebt hat; was sie für ihn verkörpern, wie er zu ihnen eingestellt ist.

Es ist mir unvergeßlich, wie während meiner Ausbildung am C.G. Jung-Institut Mario Jacoby uns Studierenden einmal ans Herz legte, doch nicht immer sofort nach einem Symbollexikon zu rufen, wenn wir von einem Tier, z.B. von einem Raben, träumten: es wäre doch immerhin möglich,

Das wir auch selbst schon einmal einen Raben gesehen hätten... Den wirklichen Raben anzusehen, das Charakteristische an ihm und seinem Verhalten zu beobachten; vor allem unser eigenes Verhältnis zu ihm zu erspüren: dies erschließe die Bedeutung dieses Vogels in unserem eigenen Traum wie nichts anderes.

Wir müßten uns den Fuchs jetzt also einmal vorstellen: mit seinem dreieckig-herzförmigen Gesicht, den wachen, großen Augen darin samt ihren elliptischen Pupillen, seiner spitzen Schnauze und den aufmerksam spielenden nicht eben kleinen Ohren: mit seinem prächtigen rotbraunen Fell, dem langen buschigen Schwanz schließlich, der ihn am stärksten charakterisiert und am schönsten vor anderen auszeichnet.

Es ist natürlich ebenso reizvoll wie sinnvoll, unseren Eindruck von dem jeweiligen Tier etwa durch die Lektüre von Tierbeschreibungen wie die von Grzimek zu ergänzen. Über den Fuchs lesen wir dort z.B., daß er mit dem Luchs und anderen hundeartigen Tieren einen Bau gemeinsam bewohnen könne und mit ihnen eine vorbildliche Wohngemeinschaft bilde; daß sowohl die Füchsin wie der Fuchs hervorragende Eltern ihrer Jungen seien usw. (vgl. dazu den Anhang).

Hinzu kommen dann natürlich die Tiergeschichten, die Fabeln und Märchen, die uns im Blick auf dieses Tier wichtig geworden sind: Das Tierepos «Reineke Fuchs» (von Goethe) zum Beispiel, das die Schlauheit dieses Tieres vor allem herausstellt, ist für viele solch ein Buch. Noch wichtiger aber ist für die meisten der Menschen, die mir ihre Träume über den Fuchs zur Verfügung stellten, die Fuchsgeschichte in «Der kleine Prinz» von Antoine de Sait-Exupéry geworden: in der die Freundschaft zwischen dem kleinen Prinzen und dem Fuchs eine so bedeutsame Rolle spielt; in der der Fuchs weit über den Aspekt der Schlauheit hinaus den der Weisheit gewinnt und dem kleinen Prinzen zum Freund und zum Lehrmeister all dessen wird, was eine Beziehung ausmacht: «Man sieht nur mit dem Herzen gut.» Diese Geschichte von der Freundschaft zwischen dem Fuchs und dem kleinen Prinzen dürfen wir natürlich selbst als eine Imagination – wenn nicht sogar als einen Traum – des Dichter-Piloten Saint-Exupéry betrachten, die er bei einer der Pannen seines kleinen Postflugzeugs in der Sahara vor seinem inneren Auge erlebt haben mag. Sowohl der Fuchs wie der kleine Prinz wären als solche Phantasiegestalten zugleich Gestalten aus der Psyche ihres Erfinders selber, die auftauchten, während er in der Weite der Sahara sich vielleicht wirklich in Lebensgefahr befand und den Sinn seines Lebens innerlich umkreiste. (Vgl. hierzu Verena Kast, «Traumbild

Wüste».) Mancher der Füchse in den Träumen heutiger Menschen gleicht auffällig dem Fuchs aus dem Buch «Der kleine Prinz» und läßt sich nur auf dem Hintergrund dieser Geschichte interpretieren.

Bei dem Wüstenfuchs, dem der kleine Prinz in der Sahara begegnet, wird es sich übrigens um einen Fenek gehandelt haben. Es ist dies der kleinste und vom Aussehen her ansprechendste unter allen Füchsen, mit besonders großen Ohren und ausdrucksvollen schwarzen Augen. Er läßt sich, wie Grzimek beschreibt, auch von allen Füchsen noch am ehesten zähmen, manche der in der Sahara ansässigen Tuaregs halten ihn als Haustier und lassen ihre Herden von ihm zusammenhalten wie von einem Hund.

In den Märchen übrigens steht der Fuchs unter den sogenannten «Tierhelfern», zu denen oft auch Hirsch, Wolf und Bär gehören, an erster Stelle. In dem Grimmschen Märchen «Der goldene Vogel», zu dem es zahlreiche Parallelen gibt, spielt er eine besondere Rolle: Als der jüngste der ausziehenden Brüder ihn schont und gut mit ihm umgeht, hilft der Fuchs ihm mit seiner instinktsicheren intuitiven Weisheit durch alle weiteren Gefahren hindurch, bis er zu der glücklichen Verbindung mit der Prinzessin gelangt. Zuletzt muß jedoch der Fuchs selbst verwandelt werden und

erweist sich dabei als ein ins Tierhafte verzauberter Mensch, der auf Erlösung wartet.
So wird sich der Fuchs auch in den Träumen immer wieder als eine instinkthaft-intuitive Seite des Menschen selbst erweisen, die der Träumende – indem sie ihm als etwas eigenes bewußt wird – aus der Tiergestalt lösen und in sein Bewußtsein und Selbstverständnis integrieren kann. Von da an kann er diese Seite auch in seinem Alltagsleben realisieren. Solange sie noch in Tiergestalt ist, läuft sie unwillkürlich, unberechenbar und unverfügbar im Guten wie im Bösen im Leben eines Menschen mit, und wirkt aus dem unbewußten Seelenhintergrund. Von daher beeinflußt sie, oft wider Willen, das Leben dieses Menschen: wie auch der Fuchs im Märchen aus dem Hintergrund alle Fäden des Lebens jenes Helden in der Hand hat und lenkt. Es ist letztlich auch sinnvoll – gerade wenn der Fuchs einmal als Teufels- oder Hexentier im eigenen Traum vorkommt –, in der Kultur- und Religionsgeschichte nachzufragen, auf welchem Hintergrund die Symbolik des Tieres hier erscheint und was sie alles umfaßt. Erstaunlich positiv z. B. ist die Einschätzung des Fuchses bei den Zigeunern, ebenso aber im alten China und Japan; auch in Griechenland, wo er zum Dionysoskult gehört und Dionysos selbst im Fuchspelz auftritt. Bei uns spielte er als Vegetationsgeist bis in

die Gegenwart hinein eine große Rolle, was in die gleiche Richtung weist. Es wurden ihm zu allen großen Jahresfesten, zu Ostern, zu Pfingsten, zu Sonnwend und zu Weihnachten Opfer dargebracht. Erst in christlicher Zeit wird er, wie viele Tiere, die zu den alten Göttern gehören, dämonisiert und verteufelt: Auf Dürers Kupferstich «Maria mit den Tieren» ist zwar auch der Fuchs bei all den Tieren zu Marias Füßen, aber er, als einziger, ist angekettet. So sehr offenbar fürchtete man ihn bis in die Zeit der Reformation hinein.

Wenn wir jedoch unsere Assoziationen zum Fuchs sowie die Bedeutung des Fuchses in Märchen und Mythen klären, wird uns bewußt, daß es nicht genügt, nun einfach das so gefundene Symbol «Fuchs» in seiner umfassenden Bedeutsamkeit in unseren Traumtext jeweils einzusetzen. Es muß vielmehr aus der ganzen Dynamik des Traumes, aus seinem Handlungsverlauf und seiner Bilderfolge heraus jeweils neu erschlossen werden, was der Fuchs hier bedeutet. Es gilt jeweils nicht alles, was über den Fuchs zu sagen ist, gerade für die Interpretation des uns vorliegenden konkreten Traumes.

Andererseits kann unsere Kenntnis solcher Zusammenhänge oft etwas zur Ergänzung einer einseitigen Vorstellung des Träumers selbst, der vielleicht den Fuchs und damit auch seinen Traum zunächst nur negativ sieht, beitragen. Wichtig ist, daß wir das Symbol des Fuchses jeweils aus dem Zusammenhang und dem Gefälle des Traumes heraus neu erschließen. Der wichtigste Kontext dazu sind darüber hinaus die individuellen Assoziationen und Einfälle des Träumers selbst, die alles einbeziehen können, was er oder sie im Zusammenhang mit dem Fuchs jeweils erlebt hat: das Aussehen und Verhalten des Tieres selbst, Erfahrungen mit ihm, Geschichten über es, Bilder von ihm. Zuletzt können wir Amplifikationen des Symbols aus Religions- und Kulturgeschichte hinzutragen, die den Traum auch in einen bedeutsamen kollektiven Zusammenhang stellen. Es ist für eine Kultur und den einzelnen, der von ihr bestimmt ist, nicht belanglos, wie der Fuchs in ihr gesehen und bewertet wird: In der europäisch-christlichen Kultur haben wir überwiegend eine negative Bewertung des Fuchses vor uns – so wird er z. B. in den alten Predigtmärchen als Sinnbild für Habgier und Völlerei betrachtet –, während in unserem ursprünglichen keltisch-germanischen Raum der Fuchs eine sehr positive Rolle als bevorzugter Tierhelfer des Menschen spielt, wie wir aus allen uns hier überlieferten Märchen erkennen können.

In der Reihe «Träume als Wegweiser» wollen wir versuchen, möglichst praxisnahe, aus dem täglichen therapeutischen Umgang mit Träumen heraus, die Bedeutung der Symbole an konkreten Träumen zu erschließen. Wir wollen dabei versuchen, jedem, der seine Träume besser verstehen und mit ihnen umgehen möchte, einige mögliche Zugänge zu seinem Traum zu öffnen und dessen wegweisende Perspektiven wahrzunehmen. An dieser Stelle möchte ich all denen herzlich danken, die mir Träume zur Verfügung gestellt haben, um in ihnen den Wegen und Schleichwegen des Fuchses nachzuspüren, um sie als Beispiel für die unterschiedlichen Bedeutungsnuancen des Fuchs-Symbols im Traum zu verwenden.

In den Tagen, in denen ich das Buch schrieb, hatte ich selbst einen Fuchs-Traum:

Ich suche mit einigen befreundeten Menschen einen Weg durch ein sehr urwüchsiges, bergigwaldiges Gelände – es ist ganz verwachsen, weil dieser Weg wohl wenig begangen wird –, da sehe ich, etwa in Höhe meiner Schulter, nur wenig von mir entfernt, einen Fuchs aus der steinigen Bergwand lugen: Er blickt mich einen Augenblick aufmerksam an. Mir zuckt der Gedanke durch den Kopf: Es wird doch nicht etwa ein tollwütiger Fuchs sein, von denen es heute so viele gibt? Aber ich verwerfe den Gedanken wieder angesichts seines so wachen, wissenden Blicks, von dem ich mich durchschaut fühle.

Und schon verschwindet der Fuchs wieder. Ich sehe ihn dann ein Stück weiter oben am Hang und kann dabei erkennen, daß hier der Weg entlangführt...

Ihm selbst, dem Fuchs, im Traum zu begegnen, während ich mir einen Weg durch das mit dem Unbewußten recht verwachsene Dickicht der Fuchsträume zu bahnen suchte, regte mich sehr an. Konnte ich doch seine Spürnase, sein Witterungsvermögen und seine guten Augen für den nächtlichen Bereich des Unbewußten in diesem Zusammenhang sehr gut gebrauchen. Es war mir klar, daß ich damit zugleich den «Fuchs in mir selber» entdeckt hatte. Wir können ja in allen Gestalten, die im Traum auftauchen, zugleich Anteile von uns selbst sehen (in der tiefenpsychologischen Trauminterpretation nennen wir dies die Deutung einer Traumfigur auf der «Subjektstufe»; während die Deutung auf der «Objektstufe» einen Fuchs nach der realen Bedeutung des Fuchses in meinem Leben interpretiert und allenfalls fragt, ob ein fuchsartiger Mensch, den es in meinem Leben wirklich gibt, dahintersteckt).

Der Fuchs war zwar gleich wieder verschwunden: Aber indem ich ihn ein Stück weiter oben wieder auftauchen sah, hatte ich das Gefühl, mich doch auf begehbarem Gelände zu befinden, wo ich ihn möglicherweise noch ein paarmal wieder treffen könnte. Er sollte mir Wegweiser werden, und der ganze Traum schien mir zu sagen, daß ich jetzt mit der Begleitung des Fuchses rechnen konnte. Er war ein relativ kleiner Fuchs, lugte in der Höhe meiner Schultern – also auf gleicher Ebene mit meinem Gesicht – aus den Steinen. Er entsprach genau meinem Bild von dem Wüstenfuchs Fenek, den ich zwar auf meinen Wüstenwanderungen bisher immer zu erspähen gesucht hatte, den ich aber, abgesehen von vielen seiner Spuren, noch nie direkt zu Gesicht bekommen hatte.

Was bedeutete es aber, daß ich ihn einen Augenblick im Verdacht gehabt hatte, tollwütig zu sein? Hatte ich da dem Fuchs in mir und der Zuverlässigkeit seines Weggeleits mißtraut? Sein klarer Blick, der eher mich durchschaute als ich ihn, belehrte mich eines besseren. Auch ich hatte mich also durch diesen Traum und an diesem Traum ein weiteres Mal von der Zuverlässigkeit der Führung durch eine Traumgestalt überzeugt.

Was hätte ich nun davon, wenn ich nach römischer Tradition den Fuchstraum eher als ein negatives oder nach zigeunerischer eher als ein positives Vorzeichen für meinen künftigen Weg und meine Fuchsstudie ansehen würde? Ich selbst halte diese Frage nach dem Vorzeichen, das in einem Traum steckt, als solche eher für ein wenig abergläubisch. Der Traum gibt nur in den seltensten

Fällen Vorzeichen für objektive Ereignisse, hat aber – nach C. G. Jungs Sicht – durchaus eine prospektive Bedeutung für die subjektive psychische Verfassung und Entwicklung des Träumenden.
Wenn angeschossene oder tollwütige Füchse in unserem Traum sich dahinschleppen und ihren langgezogenen Schmerzensruf «hau» ertönen lassen, so spüren wir, auch wenn wir keine Fachleute der Trauminterpretation sind, daß das, was der Fuchs verkörpert – Instinktsicherheit, Klugheit, auch Bezogenheit auf Aggression und Sexualität – in uns leidet, krank ist, nach Hilfe ruft. Wenn wir den Schmerzensruf unseres Traum-Fuchses hören und wahrnehmen, versetzt er uns in die Lage, auch in der Wirklichkeit und mit unserem Bewußtsein ihm zu Hilfe zu kommen, indem wir die Seiten in uns, die er verkörpert, und die in diesem Falle darniederliegen, auf das pfleglichste behandeln, ihnen hohe Aufmerksamkeit schenken, notfalls sogar einen Arzt herbeirufen: das heißt, daß wir von da an im Alltag mehr darauf achten, unseren Instinkten und Intuitionen zu folgen und auch die Fähigkeit zu einer Prise Schlauheit in gewissen Notsituationen nicht unterschätzen.
Wir können auch dann vom Fuchs träumen, wenn wir uns in irgendeiner Situation zu naiv verhalten haben. Solche Träume – wie Träume überhaupt –

zeigen jeweils die übersehene Seite einer Situation und eines Verhaltens an, sie können nachdenklich machen und aufschrecken. Insofern gibt es keine schlechten Träume. Es gibt unangenehme Träume, aber auch sie, gerade sie, dienen uns zur Warnung und zum Schutz. Ein tieferes Wissen um das Problem, das in einer Situation steckt, setzt sich in ihnen durch.

Taucht der Fuchs im Traum auf, handelt es sich demnach immer um Probleme und auch Chancen der Fuchs-Seite in uns selber: Probleme und Chancen also im Blick auf unsere Instinktsicherheit, unser Witterungsvermögen, unser Weggefühl, vor allem im Blick auf den aggressiven und auch den erotisch-sexuellen Bereich (wie wir es an den vorgestellten Fuchsträumen immer wieder beobachten werden), aber auch Probleme mit dem symbolischen Bereich der Nacht und des Waldes überhaupt, wo der Fuchs zu Hause ist, für den Bereich des Unbewußten.

Es gibt erstaunlich viele Träume, in denen der Fuchs direkt und unverschlüsselt selber als Wegweiser und Seelenbegleiter auftritt. Ich weiß keinen einzigen Traum zu nennen, wie auch kein einziges Märchen, in denen der Fuchs demjenigen, der ihm vertraute, in die Irre geführt hätte. Insofern steht der Fuchs wie ein Symbol für das, was im weiteren Sinne die Träume selber sind: Wegweiser.

Der Fuchs als Wegbegleiter und Freund

Ich fahre in meinem blauen Commodore. Auf einmal denke ich: Was ist denn da für ein Fuchs auf meiner Kühlerhaube? Es liegt tatsächlich ein wunderschöner Fuchs auf meiner Kühlerhaube und fährt von nun an einfach mit. Ich wundere mich, aber mir gefällt seine Farbe sehr, ein warmes Rotbraun auf dem Blau meines Wagens.
Mit dem Fuchs auf dem Kühler fahre ich weiter durch eine sonnige Wiesenlandschaft.
Die Träumerin dieses Traumes, Ärztin, heute Mitte Fünfzig, fühlte sich sehr wohl nach diesem Traum, der etwa acht Jahre zurückliegt, an den sie sich aber noch in allen Einzelheiten erinnern kann. Er hatte sie so stark beeindruckt, daß er ihr nach so vielen Jahren noch ganz farbig und lebendig vor Augen steht. Er leitete damals eine neue Phase ihres Lebens ein: Sie war zu der Zeit einem Menschen begegnet, der ihre Zuneigung und ihr Vertrauen weckte, und sie erwog, bei ihm eine Lehranalyse zu beginnen.
Die Ärztin mag ihren Wagen, er gibt ihr Bewegungsfreiheit: «Autos haben für mich viel mit Autonomie zu tun», sagt sie, «sie geben mir ein Ge-

fühl für Unabhängigkeit und Beweglichkeit.» Sie hat nicht ganz leichte berufliche Anfangsjahre hinter sich, jetzt fühlt sie sich nicht mehr beengt. Auch hierfür steht das Auto. Sie hat diesen Wagen spontan gewählt: «Ich habe ein Faible für Blau, am meisten für helles Blau. Autos sind für mich emotionale Entscheidungen, von Form und Farbe her. Grün ging einfach nicht – ich hatte es einen Augenblick erwogen, es mußte Blau sein.»
Ein Commodore: Es ist ein schicker, schneller Wagen. Sie bekennt sich dazu, er stellt etwas dar. Er ist für den Beruf geeignet, auch für weite Fahrten, sie fährt gern: «Ich fahre gern allein, es sei denn, es wäre jemand dabei, den ich mag. Beim Fahren entsteht dann so ein Mittelding zwischen Nachdenken und Träumen. Dabei kann ich gut Musik hören, auch Gesprochenes aufnehmen, oft besser, als wenn ich mich irgendwo hinhocke.» Er charakterisiert gut ihre damalige Lebenseinstellung, ihr Selbstbild, dieser blaue Commodore: mit seinen Stärken, mit seinen Grenzen. Es ist ein Auto, mit dem man etwas riskieren kann. Es ist eng mit ihr verwachsen: doch ist es ein Auto, ein technisches Gerät. Jetzt taucht etwas ganz anderes vor ihrem inneren Auge auf, aus jener Stimmung zwischen Nachdenken und Träumen erwachsen, die bei ihr zum Autofahren gehört: etwas Lebendiges, ein roter Fuchs. Er kommt von ganz woanders her als

aus dem Bereich der Straßen, der Autobahnen, des Verkehrs mit all seinen Regelungen und Reglementierungen. Er kommt aus dem Wald oder gar aus der Wüste: aus der Wildnis, der Einsamkeit, aus dem Bereich elementar-naturwüchsigen Lebens - und stellt Kontakt her zu ihr, zu dem Bereich ihrer Psyche, in dem auch sie wild, urwüchsig und instinktsicher ist.
Ich frage sie, was ihr zum Fuchs einfalle, was er ihr bedeute. Als erstes nennt sie seine Farbe, die Farbe seines Fells: «Dieses Fuchs-Rot, es ist ein tiefes Rotbraun wie das der Erde.» Der Bereich der Erde, auch in ihr selber natürlich, zu der alles elementar Vitale, natürlich auch die Körpersphäre, gehört, ist in ihr angesprochen durch diesen Fuchs. «Er geht auch immer nah am Boden, er schnürt»: Die Ärztin drückt darin ein weiteres Mal aus, wie sehr er nach ihrem Empfinden der Erde zugehört. In dem Sprichwort von dem Fuchs, der die Trauben, die ihm zu hoch hängen, für sauer erklärt, findet sie auch ausgedrückt, daß der Fuchs wirklich zu hoch greift, wenn er nach den Trauben angelt - in der Höhe habe er ihrer Meinung nach wirklich nichts zu suchen. Die Seite in ihr selber, die gerne hochgreift, ist jedenfalls ihre Fuchsseite nicht; sie steht vielmehr in Kontrast zu der Fuchsseite.
Mit großem Respekt beschreibt sie dagegen den

Fuchsbau: «Der Fuchs legt seinen Bau so versteckt an, daß keiner ihn findet. Zugleich hat er immer zwei Ausgänge, so daß er zu jeder Zeit auch flüchten kann, auch wenn man ihm einen der Ausgänge verstellt.» Auch ihr, der Träumerin, war bis dahin solch ein Bau, ein Zuhause, das Schutz und Geborgenheit bietet, außerordentlich wichtig; zugleich aber auch, daß keiner ihr zu nahe auf den Leib rückte, daß sie immer Flucht- und Ausweichmöglichkeiten behielt – sie sieht das jetzt im Gespräch nicht ohne Selbstkritik.

Auch die Klugheit des Fuchses imponiert der Träumerin sehr. Seine vergleichsweise geringe Körperkraft kompensiert er durch Schlauheit: «Er jagt mit listiger Klugheit, aber er greift nicht von hinten an, sondern geht offen an die Kehle. Er, als relativ kleines Tier, soll sogar Wölfe jagen.» Dabei empfindet ihn die Ärztin nie als ein böses Tier: «Er jagt nur, um sich und seine Jungen zu ernähren.» Sie ereifert sich direkt ein wenig darüber, daß Tiere wie der Fuchs «Räuber» genannt werden, der Ausdruck sei «unzulässig». Er sei eben ein jagendes Tier. Auch darin erkennt man, daß für sie die Fähigkeit, sich das Notwendige zu verschaffen, eine gesunde Angriffslust zu entwickeln, oft als räuberisch, als böse verdächtigt worden sein muß.

Für sie hängen Fuchs und Jäger eng zusammen:

Wenn der Fuchs genannt würde, komme ihr immer gleich die Assoziation zu Jäger. Kein Fuchs ohne Jäger: Dabei gehören ihre Sympathien eigentlich immer dem Fuchs. Auch wenn sie das Kinderlied «Fuchs, du hast die Gans gestohlen» höre, habe sie eigentlich immer eher Mitleid mit dem Fuchs und bedauere ihn: «Der Jäger ist ihm gegenüber immer der Ordnungshüter, er verhält sich so schrecklich ordentlich, er ist so unangenehm im Recht, wenn der Fuchs wieder einmal in den Hühnerstall eingefallen ist.»
Indem sie das erzählt, fällt ihr ihr Vater ein, der streng darauf bedacht war, jeder Äußerung von Wildheit und Unordentlichkeit bei der Tochter zeitig Einhalt zu gebieten. Dagegen sei ihr Großvater ein Trickster gewesen, ihn habe sie sehr geliebt. Vor allem in den Sommerferien sei sie, als Stadtkind, mit Tieren in Verbindung gekommen. Alles, was dreckig war, habe sie bedenkenlos und mit Lust angefaßt. Eine Hündin, die geworfen hatte, habe sie eigenhändig mit roher Leber gefüttert – dabei hätte sie sich ständig gedacht: Vater würde in Ohnmacht fallen, wenn er mich so sähe... Sie liebte solche Ferienaufenthalte, wo sie Pferd und Wagen selbständig ausfahren durfte, wo sie mit einem Jäger zusammen auf die Jagd gehen durfte, ein Fernglas umgehängt; auch durfte sie bei den Jägers- und Bauersleuten ungeniert

vom Teller schlürfen und schmatzen, was ihr zu Hause streng verboten war. Sie wäre gern ein Junge gewesen, sagt sie, weil Jungen immer alles gedurft hätten, was sie nicht durfte, wild sein, auf Bäume klettern usw. Bei diesen Ferienaufenthalten fragte man sie nicht, was sie esse, wie sie gekleidet sei usw.

Diese Erinnerungen der Ärztin zeigen deutlich, daß der Fuchs für sie auf die Seite des Wilden, Räuberischen, Naturverbundenen gehört, das in ihr als Kind sehr lebendig gewesen, das vom Vater aber stark zurückgedämmt worden war. Auch ihre Parteinahme für den Fuchs erweist, an welchen Stellen sie besonders mit ihm sympathisiert: etwa, daß es «unzulässig» sei, ihn Räuber zu nennen, da er sich doch nur hole, was er zum Leben brauche. Sie schätzt seine Art von Aggression: daß er nie hinterlistig angreife, sondern von vorne. Der Fuchs zeigt sich als Gegenspieler der Werte, die der Vater gesetzt hat, als Gegenspieler zum Vaterkomplex. Eine warme Farbe verbindet ihn für sie mit dem Erdhaften, Mütterlichen: Sie erzählt auch ganz lebhaft, seine Jungen seien ganz winzig und entzückend anzusehen, die Füchsin sei eine sehr gute Mutter. Auch daß er listig sei, ist ihr wichtig – auch das wagt sie nicht so leicht bei sich selber zuzulassen; es imponiere ihr, daß er im Gebrauch seines Verstandes so wendig, so beweglich sei – jedenfalls projiziere sie das auf ihn – kurz: unter den Tieren sei er für sie das Pfiffigste. Daß er der Pfiffigste sei, habe sie, so erinnert sie sich, allerdings auch in den Tierfabeln von Äsop, Lafontaine und aus Goethes «Reineke Fuchs» gelernt.

Wohl sitzt die Ärztin nach wie vor selber am Steuerrad ihres Commodore (der Name bedeutet übrigens Kommandant), doch es steuert nun in dem Traum einer mit, der die Fahrt mit der Gunst tieferer instinktgeleiteter Mächte verbindet: der Fuchs. Er verbindet sie mit ihrer eigenen vitalen, instinktgeleiteten Seite, die zugleich ihre Gefühlsseite ist. Der Kontrast der Farben Rot und Blau tut der Fahrerin wohl: Sie stimmt dieser Ergänzung der Farbe, die sie bisher so sehr favorisierte, des eher kühlen Blau durch das vitalere Rot, zu, sie gefällt ihr, macht ihr Freude.

Zu diesem Traum fällt ihr vor allem ein, daß sie in dieser Zeit, schon unter dem Eindruck der freundschaftlichen Begegnung mit ihrem zukünftigen Therapeuten, Saint-Exupérys Erzählung «Der kleine Prinz» sehr intensiv gelesen habe; vor allem die Begegnung des kleinen Prinzen mit dem Fuchs habe sie stark beeindruckt. Diese Erinnerung erlaubt uns, bei der Interpretation des Fuchses in diesem Traum vor allem das Bild einzubeziehen, das Saint-Exupéry vom Fuchs gezeichnet hat, von diesem bescheidenen Freund, der so viel von den behutsamen Wachstumsprozessen in der Freundschaft weiß; der den kleinen Prinzen bittet, ihn zu zähmen, und der ihm auch verrät, wie man das macht: «Du mußt dich in einiger Entfernung von mir hinsetzen und mich immer aus den Augenwinkeln ansehen. Wenn du es recht machst, wirst du dich jeden Tag einige Schritte näher setzen können.» Er, der den kleinen Prinzen so bescheiden um Zähmung bittet, ist in Wirklichkeit dessen unaufdringlicher Lehrmeister in allen Belangen des Gefühls und der Bezogenheit aufeinander. Das Wort des Fuchses, das sie am besten im Gedächtnis behalten hat, ist dieses: «Man sieht nur mit dem Herzen gut. Das Wesentliche ist für die Augen unsichtbar...» Nach einer Zeit, in der sie der Rationalität, dem Blau, sehr vertraut hatte, bedeutete dies eine Neuorientierung. Die Geschichte vom kleinen Prinzen hat damals in ihrem Leben eine große Rolle gespielt und ihr auch den Mut gegeben, sich in der Therapie einem Menschen ganz anzuvertrauen. Der Fuchs wurde die Leitfigur auf ihrem Commodore, er gab dem Wagen, der für ihre bisherige Lebenseinstellung steht, in dem sie wie ein Commodore ihr Leben befehligt hatte, eine neue Note und eine neue Richtung. Der Fuchs bedeutete für sie «eine Art geistiger Einflußnahme, die mich auf völlig neue Gedanken brachte, die mir völlig neue Perspektiven zeigte». Er er-

wies sich als eine Art Trickster oder auch Hermesfigur, die ihr den Antrieb und den Anstoß gab, auch aus den Komplexen, die die Eltern in ihr eingepflanzt hatten, herauszukommen.
Sie sehe die Beziehung zwischen dem Fuchs und dem kleinen Prinzen immer optisch vor sich, betonte sie zum Schluß: Immer wenn sie Korn sähe, erinnere sie sich an diese Geschichte. Es fiel uns ein, daß der Fuchs, auf die Frage, wie er denn mit dem Abschied vom kleinen Prinzen, der vorauszusehen war, zurechtkommen würde, so antwortete: «Ich werde die Farbe des Weizens gewinnen», denn der kleine Prinz hatte weizenblondes Haar. Die Träumerin tut sich aufgrund einiger lebensgeschichtlicher Einschnitte besonders schwer mit Abschieden. So ist auch diese Schlußbemerkung wichtig. In eine therapeutische Beziehung, wie sie jetzt für sie beginnen sollte, ist immer schon die Notwendigkeit, eines Tages wieder Abschied zu nehmen, eingezeichnet. Die Weisheit des Fuchses half ihr auch an dieser Stelle, trotzdem Vertrauen zu wagen. Die Assoziation zum Weizen führt tiefer in die Symbolik des Fuchses, als die Träumerin zunächst ahnte: War doch der Fuchs in unseren Breiten früher als ein Fruchtbarkeitsdämon bekannt, der durch die Kornfelder lief und in der letzten Garbe des abgeernteten Kornes saß, gleichsam als Bürge für die Fruchtbarkeit. Wenn der

Fuchs die Träumerin an den Weizen erinnert, erinnert er sie weit über die Assoziationen zu dem Fuchs des kleinen Prinzen hinaus an diesen alten Zusammenhang: Wo der Fuchs auftaucht, ist Fruchtbarkeit gewährleistet.
So fuhr sie künftig nicht schlecht mit dem Fuchs auf dem Kühler ihres Commodore: Es wurde eine lebendigere und reichere Lebensphase als bisher. Der Fuchs, der tiefe Instinkt für die Wachstumsprozesse einer Beziehung, ist jetzt bei ihr mit von der Partie, gibt ihr und ihrer Fahrt teil an seinem Witterungsvermögen. Voll Hoffnung, Heiterkeit und auch Humor ist dieses Traumbild, wie die Ärztin in ihrem durchaus respektablen blauen Commodore (ihrem Kommandeur), mit dem despektierlich frechen Fuchs als Gallionsfigur durch die Landschaft fährt, die in diesem Traum nun ganz in der Sonne liegt. Dieser Traum bestärkte sie in ihrer Zuversicht, gut zu fahren mit dieser neuen Beziehung zum Fuchs, gut zu fahren auch mit der neuen Beziehung zu einem Therapeuten.

Mit der guten Steuerung seines Lebens in einem tieferen Sinn hatte auch der Traum eines etwa 35jährigen Pfarrers zu tun:
Am Ufer stehend und in die Brandung schauend, nimmt er auf einmal wahr, wie eine besonders

mächtige Woge etwas heranträgt, ein Schiffssteuerrad ist es, dem, wie der Träumer, der es vollends an Land rollt, feststellt, eine Speiche fehlt. Er ist sehr nachdenklich über den Fund, der bedeuten kann, daß das Schiff, zu dem dieses Rad gehört hat, gesunken ist; oder hatte das Rad versagt, war es ausgewechselt worden? Als er nachdenklich aufschaut, bemerkt er, daß schon eine ganze Zeit ein Fuchs neben ihm sitzt – seine Spur kommt über die Sanddüne, aus der Wüste also zum Meer herunter – und ihn so aufmerksam betrachtet, als habe er ihn die ganze Zeit über in seinem Selbstgespräch belauscht. Der Fuchs blickt ihn so eindringlich und unwiderstehlich an, daß er beginnt, mit dem Fuchs über den Sinn seines Fundes, über das vom Meer angeschwemmte Steuerrad, zu sprechen.

Der junge Theologe steht am Meer – Bild zugleich für die Tiefe und Weite der Seele, für ihre unbewußten und unbekannten Tiefenräume – und erlebt dieses Meer als sehr bewegt. Es tut sich etwas in seiner Seele, und in ihrer lebhaften Dynamik wirft sie ihm etwas vor, wirft ihm etwas vor die Füße, womit er in diesem Moment nicht gerechnet hat, worauf er sich aber gleichwohl sehr aufmerksam und gewissenhaft einläßt: das Steuerrad eines Schiffes. Zunächst rollt er es ganz an Land, um es in Ruhe betrachten zu können. Dann bemerkt er

das Fehlen einer Speiche und beginnt über die mutmaßliche Herkunft dieses Steuers und den Sinn dieses Fundes nachzudenken.
Dieses Steuer ist gebrochen, das Schiff ist vielleicht gesunken oder treibt noch immer steuerlos auf dem Meer: Es ist wie die Botschaft von einer Katastrophe, die entweder weit zurück liegt oder tief im Unbewußten stattgefunden hat; die das Bewußtsein bisher noch gar nicht bemerkt hat. Wir können dieses Steuer - subjektstufig gesehen - als einen inneren Anteil des Träumers selbst, also als das Steuer eines seiner eigenen inneren Seelenschiffe betrachten. Dieses Fahrzeug, mit dem ein Mensch in der «Nachtmeerfahrt» sein Unbewußtes befährt, muß zur Zeit wohl steuerlos sein, bewußtseinsfern im Unbewußten treiben, vielleicht sogar aufgelaufen oder gesunken sein. Das hieße, daß dieser, im Bewußtseinsbereich so sensible und wache Pfarrer, zu der Zeit seine Navigationsfähigkeit im Bereich des Unbewußten eingebüßt hat. Vielleicht ist das gerade eine Folge seiner zu starken Überbewertung des Bewußtseinsbereiches. Das Unbewußte, das Meer, hat ihm zu der Zeit das Steuer aus der Hand geschlagen, hat ihn entmündigt, hat sich als die stärkere Macht gegenüber seiner bewußten Steuerung und Kontrolle erwiesen. Vielleicht muß und soll er sich eine Zeitlang dieser größeren Macht überlassen.

Das Traum-Ich des Pfarres läßt sich von diesem Fund – der ihm als Zufallsfund erscheinen könnte, für den er keinerlei Verantwortung übernehmen müßte – doch sehr betreffen. Er ist ratlos, weil er mit dieser Nachricht aus dem tieferen Bereich des Unbewußten wirklich noch nichts Konkretes verbinden kann. Er weiß nur, daß es darum geht, die Übermacht des Meeres anzuerkennen und dennoch nach einiger Zeit die Steuerung, das Steuerrad zu reparieren und wieder zu übernehmen.
Als er aufblickt, sieht er im Traum den Fuchs dasitzen, wachen Auges, als habe dieser an seinem Gespräch mit sich selbst teilgenommen: Er erscheint hier wie ein Eingeweihter, ein «alter ego» des Pfarrers, aber mit einem tiefen instinktsicheren Wissen und Witterungsvermögen ausgestattet, das weiter reicht, als er in diesem Augenblick ahnt. Der Pfarrer hat, als er mit dem dringlichen Wunsch erwachte, mit diesem Fuchs über die verlorene Steuerung seines tieferen seelischen Lebens nachzudenken, tatsächlich einen Dialog mit dem Fuchs begonnen, im Sinne der Aktiven Imagination von C.G. Jung, wo man mit einer inneren Traumfigur oder einer imaginierten Figur einen richtigen Dialog beginnt, der dann dazu führt, diese hilfreiche Figur immer weiter kennenzulernen, sich mit ihr auseinanderzusetzen und sie schließlich als einen eigenen Anteil zu integrieren.

Er entdeckte den Fuchs, der ihm, als er wirklich ratlos war, von weither über die Sanddüne zugelaufen war, als einen wahren Seelenführer, voll Spürsinn, Findigkeit und natürlicher Weisheit, lauter Kräften, die der Pfarrer, in seiner bisher allzu rationalen theologischen Ausrichtung, ausgeklammert und unterschätzt hatte. Auch für ihn war dieser Fuchs, wie das weitere Gespräch erwies, mit der eigenen Gefühlsseite und Liebesfähigkeit eng verbunden, die, wie er jetzt wahrnahm, allzu lange brachgelegen hatten.

Der Fuchs als Wegweiser zu List und Aggression

Der nächste Traum stammt von einem 30jährigen Lehrer, der zu der Zeit – nach etwa drei Monaten psychotherapeutischer Behandlung – noch immer mit seiner Depression ringt. Es geht in diesen Wochen darum, ob er Gegenkräfte aggressiv-kreativer Art entwickeln kann, die den lange anhaltenden Zustand der Niedergeschlagenheit und das dazugehörige Gefühl, allem ohnmächtig ausgeliefert zu sein, durchbrechen können. Sein Traum führt ihn in das aggressiv getönte Milieu eines Westernfilms:

Ich bin mit zwei Männern in einer Art verkommener Westernbar, der Wirt, ein großer, grobschlächtiger Mann, hat uns die Waffen abgenommen und gibt uns zu essen, um uns dort festzuhalten.

Draußen wird es Nacht, ich sehe aus dem angrenzenden Wald Tiere herauskommen, Rehe und einen Fuchs, weiß aber, daß es auch gefährlichere Tiere geben muß. Wir brauchen die Waffen gegen die Gefahr draußen.

Ich sage den beiden andern Männern draußen, die sehr schwächlich sind: «Wir müssen den Wirt überlisten.» Ich überrumple den Wirt an der Tür und nehme ihm die Waffe ab, und wir drei können fliehen.

Spontan äußert der Träumer dazu, im Traum erscheine er sich sehr viel aktiver und stärker als in der Realität. Er fühle sich in Wirklichkeit wie ein scheues Reh, verängstigt, unaggressiv, am liebsten wäre er wie ein Fuchs; Füchse gefielen ihm, seien aggressiv, aber nicht zu aggressiv, seien vielmehr kleine Räuber, hübsche Räuber.

Aus Nacht und Wald – Bereichen des Unbewußten also – kommen die Tiere, beide, das scheuängstliche wie auch das aggressiv-listige (daß er beide Instinktseiten in sich trägt, war ihm wohl bisher so nicht bewußt): Sie kommen «heraus», werden ihm also sichtbar, nachdem er sich wieder einmal in einer Lage befindet, in der er überwältigt und entwaffnet wurde.

Man ist zwar versucht zu fragen, ob denn der Wirt – der ihm und seinen schwächlichen Begleitern die Waffen abgenommen hat – nicht auch ein innerer Anteil seiner selbst sei, doch wäre diese Frage hier vielleicht verfrüht gestellt. Auffällig ist, daß dieser Wirt ihnen ein Essen vorsetzt wie einen Köder, um sie «dort festzuhalten». Dieser Wirt nützt also eine orale Bedürftigkeit des Ich und seiner Begleitfiguren aus – vielleicht etwas «mutterkomplexhaftes» in ihm –, um ihn lahmzulegen und ihn

in dieser wenig anheimelnden Umgebung, «einer Art verkommener Westernbar», festzuhalten.
Da die Orte, an denen unsere Träume spielen, immer etwas über unsere innere Befindlichkeit aussagen, zeigt sich seine derzeitige darin, daß er sich wie in einer Bar fühlt, in der man sich versitzen und versumpfen kann, in der man, zumal in einer Westernbar, harte, zugleich benebelnde Getränke in sich hineinkippt. Ein Problem mit der Oralität, vielleicht eine unterschwellige Suchtstruktur, kann den Träumer in diese Lage gebracht haben. So beschreibt und empfindet er den Ort selber als keinesfalls anregend oder inspirierend, sondern als «verkommen». Der Wirt führt keine gute Regie in diesem Geschäft. Zu dem Stichwort «Westernbar» gehört auch ein Klima latenter Aggressivität: eine Stimmungslage, die den Träumer zu der Zeit selbst charakterisiert.
In dieser Lage also nimmt er wahr, wie es Nacht wird, wie aus dem angrenzenden Wald Rehe und ein Fuchs hervorkommen. Spiegelt das Reh sein eigenes bisheriges Verhalten – scheu-ängstliche Zurückhaltung – in dieser Situation, so bringt der Fuchs etwas ganz Neues hinein: Aggressivität in einer dem Träumer sympathischen, nicht brutalen Form; Aggressivität, gepaart mit Findigkeit und List; Aggressivität, die nicht blindlings vorgeht, sondern sich klug und beherzt darauf versteht,

das Eigene wiederzuerlangen, es sich selbständig zurückzuerobern, notfalls zu rauben; nicht angewiesen jedenfalls auf die Gnade oder Ungnade solch eines Wirts, der nur dazu Essen ausgibt, um die gefangenen Männer in ihrer unmöglichen Lage noch länger festzuhalten.

Der Fuchs verkörpert seiner Gestalt nach - er ist für den Träumer «ein kleiner Räuber, ein hübscher Räuber» -, aber auch der Art seiner Aggressivität nach genau die Dosis und die Qualität an Aggressivität, die er, der so sehr aggressionsgehemmte Träumer, derzeit verkraftet, gerade noch akzeptabel findet. Sein Zurückschrecken, seine Ängstlichkeit vor allem wirklich wilden zeigt sich darin, daß im Traum schon beim Erscheinen des Fuchses der Gedanke in ihm aufkommt, daß es «auch gefährlichere Tiere geben muß». Diese aber treten jetzt nicht in Erscheinung, werden von dem Träumer nicht visualisiert.

Im gleichen Moment aber, in dem ihm die Gefahren einfallen, die von den Tieren oder auch Menschen «draußen» (zugleich sind es natürlich seine Angst- und Wutimpulse innen) ausgehen könnten, wird er sich auch bewußt, daß er, wie auch seine Begleiter, die Waffen, die ihnen abgenommen wurden, wirklich wieder benötigen. Sie müßten sich zumindest verteidigen, sie müßten sich zur Wehr setzen können.

Es wird im Traum zwar nicht direkt gesagt, daß es niemand anders ist als der Fuchs, der ihm nun plötzlich den Mut, die Entschlußkraft und die Schlauheit eingibt, wirklich aufzustehen und die beiden andern Männer draußen dazu zu gewinnen, gemeinsam mit ihm den Wirt zu «überlisten». Aber nach der Psycho-Logik des Traumes löst das Auftauchen des Fuchses im Traumbild eben diese Energie im Träumer aus, den Wirt anzugreifen – die ihn in Wirklichkeit im Wachzustand selber verwundert. Daß er mit den beiden anderen Männern zusammen den Wirt «überlisten» will, weist eindeutig auf die Symbolik des Fuchses zurück, schreibt man diesem doch in erster Linie die Eigenschaft der List zu.
Seit der Träumer den Fuchs auch nur zu Gesicht bekommen hat, ist schon ein Anteil von dessen Wesensart auf ihn übergegangen, in ihn selber integriert worden: Sein Traum-Ich hat nun selbst den Einfall, den offenbar ahnungslosen Wirt an der Tür, an der Stelle der Westernbar also, wo es ins Freie geht, zu «überrumpeln». In diesem Vorstoß steckt etwas von einem Überraschungsangriff, auf den der andere nicht gefaßt ist, und auch etwas von einem Übertölpeln, das den andern als den Dummen erscheinen läßt, der er ist. Eben solch ein überraschender und überwältigend glückender Vorstoß gelingt unserem Träumer. Er

kann dem Wirt die Waffe, die ihm selbst gehört, wieder abnehmen – darin deutet der Traum dem Träumer an, daß die Aggressivität des Wirtes eigentlich seine eigene ist, die er aber an solch einen vertrottelten Wirt delegiert hat, und die drei Männer können fliehen. Sie können sich unter Initiative und Führung des Ich des Träumers wieder befreien und die ohnmächtige und demütigende Lage, in der sie entwaffnet bei dem Wirt einsaßen, beenden.

Zu dritt hatten sie sich von dem einen «großen, grobschlächtigen» Mann übermannen lassen. Zuletzt darf noch einmal die Frage gestellt werden, wer dieser grobe Wirt eigentlich ist: Subjektstufig verstanden, wäre er die selbstdestruktive Seite im Träumer selbst – seine Aggressivität, die nach außen nur dadurch gebannt ist, daß sie sich unentwegt nach innen, gegen ihn selber, richtet. Zugleich hat diese Konstellation mit dem Wirt etwas an sich, was das «Sich-Versitzen» und «Versumpfen» in dem Träumer fördert: Der Wirt teilt mitten in dieser unmöglichen Lage Essen aus, was «entwaffnend» wirkt und dadurch einen entscheidenden Aufbruch und Ausbruch dieser so Bewirteten aus der verkommenen Westernbar verhindert. So etwas wie ein Krankheitsgewinn, eine Scheingemütlichkeit mitten in der Ohnmacht des Entwaffnetseins, drückt sich damit bildhaft aus. Seit dem

Auftauchen des Fuchses aber werden neue Möglichkeiten, sich ein Herz zu fassen und den Wirt zu überlisten, sichtbar. Der Fuchs erscheint hier als der direkte Gegenspieler des Wirtes.
Der Träumer beginnt den Fuchs in sich selbst zu entdecken: damit entdeckt er die Beherztheit und Klugheit, aber auch die überlegene List, seine nach innen gerichtete Destruktivität, der es z. B. auch immer wieder gelungen war, die Therapeutin zu entwaffnen, zu überwinden, und das Potential gesunder Aggression nach außen, seine Bewaffnung und seine Freiheit, wiederzuerlangen. Noch hat er allerdings diese beiden Begleiter bei sich, die «sehr schwächlich» auf ihn wirken. Mit ihnen, die natürlich recht gehemmte und wenig vitale Anteile in ihm selbst verkörpern, wird er sich noch auseinanderzusetzen haben, bzw. er wird sich von ihnen trennen müssen, bis er seiner eigenen Fuchsseite, seiner konstruktiven Aggressivität, die auch rettende Tricks kennt, wirklich mächtig wird. Es war dann auch nach diesem Traum in der Realität noch ein längeres Stück Weges bzw. Therapie zurückzulegen, bis der Träumer seiner Fuchsseite gewiß wurde.

Der tollwütige Fuchs als Verkörperung unkontrollierbarer Instinkte

Die an sich so wichtigen aggressiven Trieb- und Instinktkräfte können aber auch außer Kontrolle geraten und sich verselbständigen, können gleichsam die Tollwut bekommen: Träume von tollwütigen Füchsen bringen dies gut zum Ausdruck. Sie sind als Warnträume vor etwas, das selbst erkrankt ist und dessen Biß für den Träumer tödlich werden kann, sehr ernst zu nehmen.

Ein 23jähriger Student, der unter einer narzißtischen Störung (einer Störung der Beziehung zu sich selbst) – und der dazugehörenden narzißtischen Wut – leidet, bringt den folgenden Traum in eine Therapiestunde:

Ich erschlage einen tollwütigen Fuchs, der immer näher an mein Elternhaus kommt. Mit einem Tritt befördere ich ihn zur Seite.

Ich begegne M., dem Mörder, auf der Straße, was mir unangenehm ist, später Angst macht, weil er sich mir in den Weg stellt und mich nicht vorbeiläßt. Ein Mann, der später auch ich bin, rollt von hinten einen riesigen Schneeball über M., der so erschlagen wird. Ich sehe nur noch seinen karot-

tenartigen Kopf aus dem Schnee herausragen, auf den ich zornig noch einen Schneeball werfe.
Ein Rudel Löwen, voran die Jungen, läuft auf eine Eingeborenensiedlung in Afrika zu. Die Löwen müssen verjagt werden, damit die Herden geschützt sind. Sie werden vom Stamm in einer Art Initiationsritus in die Nähe eines Dorfes gelockt. Das Ritual besteht darin, daß ein etwa dreijähriger Knabe an den Ast eines Baumes gehängt wird und durch sein Schreien die Löwen anlockt.
Als sich die Löwen dem Kind nähern, wird dieses von den Männern am Ast wieder hochgezogen: Die Löwen werden durch weiße bogenförmige Blitze in die Flucht geschlagen.
Ein Adler fliegt in die Luft und umkreist ein Gebirge.
Dem Träumer ist es wichtig festzustellen, daß er sich in Wirklichkeit eigentlich viel souveräner, viel kontrollierter erlebe als hier im Traum: Es gehe hier gewiß um seinen Umgang mit «mörderischen Aggressionen» und dunklen Triebkräften, sicher auch darum, autodestruktive Impulse zu bannen. Die Eingangssequenz des Traumes handelt von einem tollwütigen Fuchs, von einem Fuchs also, der, selber todkrank, auch einen Menschen durch einen unvermuteten Biß in akute Lebensgefahr bringen kann. Die gesunde Scheu, Vorsicht und Aggressivität des Fuchses scheint bei Tollwut au-

ßer Kraft gesetzt zu sein. Scheinbar zutraulich bleibt er ruhig sitzen, wenn ein Mensch sich nähert, oder er nähert sich auch selbst den Menschen. So geschwächt und irritiert er selber auch ist, sein Biß überträgt dennoch die Krankheit, die auch für die Menschen lebensgefährlich sein kann. Einem tollwütigen Fuchs zu begegnen, ist also kein Kinderspiel.

All die wertvollen Kräfte des Fuchses, sein Witterungsvermögen, seine Klugheit, seine Angriffslust, sind unter dem Einfluß der Tollwut denaturiert. Von einem tollwütigen Fuchs träumen heißt also: von denaturierter, kranker Aggressivität, von denaturierter List träumen. Die Begegnung mit dem tollwütigen Fuchs ist nicht ohne Grund angstauslösend, sie ist tatsächlich gefährlich.

Dieser tollwütige Fuchs nähert sich nun dem Elternhaus des Träumers: Krankhaft destruktiv also nähert sich der Träumer selber in Gestalt des tollwütigen Fuchses seiner Kindheitswelt, seiner Beziehung zu den Eltern. Er scheint genügend Grund dafür zu haben. Doch nun geht das Traum-Ich des jungen Mannes mit dieser Verkörperung irritierter und irritierender destruktiver Kräfte in Gestalt des Fuchses so um, daß er sie kurzerhand erschlägt, erledigt. Gewiß, es wird realistisch gesehen kaum anders möglich sein, als einen tollwütigen Fuchs zu töten. Wie sollte man sich sonst vor ihm schützen? Doch der Fußtritt, mit dem der Träumer ihn zur Seite befördert, erweist, daß ein Überschuß an Wut gegen dieses Tier besteht, vielleicht auch ein Überschuß an Wut überhaupt, die sich nun an diesem Tier ausläßt. Der Fuchs stellt ja nur dar - aber er stellt es so überdeutlich dar, daß sein Anblick offenbar erneute Wut auslöst -, welche Tollwut in dem Träumer selbst steckt: primär wohl gegen sein Elternhaus. Noch der tote Fuchs bekommt einen Fußtritt und fliegt zur Seite.

So notwendig es für diesen jungen Mann sein mag, eine Distanz zwischen sich und die tollwütige Instinktseite zu setzen: Auf diese Art gelingt es wohl nicht wirklich, Distanz zu schaffen. Der Überschuß an Wut wird so nicht beseitigt, nicht befriedigt, sondern erneut entfesselt. Er begegnet denn auch sofort einem ihm bekannten Mann, der tatsächlich einen Mord begangen hat - der also die «mörderische Aggression», von der er zu Anfang sprach, verkörpern kann. Dieser Mörder taucht nicht nur irgendwie auf, sondern stellt sich dem Traum-Ich in den Weg, will es nicht vorbeilassen.

Solche Konfrontation mit unangenehm gefährlichen Gestalten im Traum bedeutet eigentlich immer, daß der Träumer sich mit der entsprechenden Figur und dem, was sie darstellt, offen und bewußt auseinandersetzen soll: Es führt, so zeigt der Traum, kein Weg daran vorbei. Diese Traumgestalt konfrontiert den Träumer unausweichlich mit der mörderischen Aggression, die in ihm selbst steckt und die ebenfalls gefährliche Konsequenzen haben könnte – gerade wenn sie unbearbeitet bliebe oder gar verdrängt würde (diese Gefahr zeigt sich in der Gestalt des auftauchenden Mörders). Doch auch in dieser Szene behandelt das Traum-Ich die Aufforderung, sich mit der Aggressivität auseinanderzusetzen, durch einen radikalen destruktiven Gegenimpuls: Es überrollt diesen Mörder mit einem riesigen Schneeball, der ihn tötet. Schneeball – daß heißt auch, daß er den Schnee des Vergessens darüber breitet, daß er ihn wie unter einer Lawine begräbt. Es ist «kalte Wut», die sich durch dieses Ersticken des andern im Schnee ausdrückt, es ist gerade keine bewußte und klärende Auseinandersetzung. Der Träumer hat nun selbst einen Mord an dem Mörder begangen: Ein weiteres Zeichen dafür, daß die mörderische Wut, die der andere verkörpert, auch in ihm selbst steckt.

Wie bei der Tötung des Fuchses besteht auch hier noch ein Überschuß an Wut – ein Hinweis darauf, daß Töten die destruktive Aggression nicht stillt, sondern weiter anheizt – und so muß er noch einen Schneeball nach dem «karottenartigen

Kopf» des andern werfen, der aus dem Schnee ragt. «Rübe ab» lautet ein vulgär-verächtlicher Ausdruck für die Hinrichtung eines Menschen durch Enthauptung.

Der Traum nimmt einen dritten Anlauf, dem Problem der aus der Kontrolle geratenen Aggressivität, dieser Tollwut, beizukommen: In Gestalt von Löwen – königlich souveräne Tiere, die keine Hinterlist kennen – rückt die Aggression in geschlossener Formation, die Jungen voraus, auf ein Eingeborenenlager zu. Um sehr ursprüngliche, urtümliche Vorgänge – wohl in der Kindheit des Träumers begründet – handelt es sich hier. Eine Art Urszene seiner Erfahrung mit Aggression mag sich hier zeigen: vielleicht auch eine Erinnerung daran, wie die ganze Familie, die Geschwister voraus, gegen ihn anrückten. Die Löwen sind die anderen, die ihn wütend machen: Sie verkörpern aber auch – subjektstufig verstanden – seine eigene Aggressivität, von den andern geweckt, gereizt, die in den Löwen heranrückt. Der Initiationsritus mit dem dreijährigen Knaben – viel zu früh für eine richtige Initiation, die ja erst ins Pubertätsalter gehört – weist zurück auf die Trotzphase, die mit drei Jahren beginnt, die erste Phase des Kampfes um Autonomie gegenüber den Eltern.

Betrachten wir diesen Initiationsritus genauer: der dreijährige Knabe wird in den Baum gehängt

– Baum ist auch Muttersymbol (vgl. das Bändchen «Traumbild Baum») –, um die Löwen zunächst einmal anzulocken, als Köder gleichsam für die Löwen – damit sie dann desto gründlicher vertrieben werden können: durch weiße bogenförmige Blitze. Ob diese Blitze das Donnerwetter verkörpern, das jeweils auf die Annäherung der Löwen folgte, oder gar Schläge? Jedenfalls ist es ein Ritual, das den Löwen jede Annäherung an das Dorf für immer abgewöhnen sollte. Eine Art Desensibilisierungstraining für die Löwen, also auch für die aufkeimende Aggression dieses dreijährigen Jungen, der durch seine Qualen und sein Geschrei am Baum die Löwen anzieht. Bei dieser Szene erzählte der junge Mann auch, er habe sehr unter den Aggressionen durch seine älteren Geschwister gelitten. Könnte man es sich so vorstellen, daß er jeweils durch Geschrei und Trotzen die Wut der Geschwister auf sich zog, was aber dann zugleich den Zorn der Eltern herausforderte, der auf die Geschwister zurückschlug, zugleich aber auf ihn selbst? Ich vermute ein Kindheitsdrama und Kindheitstrauma dieses jungen Mannes, das sich zum Zeitpunkt der Aggressionsentwicklung, der Trotzphase, zwischen ihm und seinen Eltern einerseits, zwischen ihm und seinen Geschwistern andererseits abspielte: das die Aggressivität und alle übrigen Instinktseiten, die er selbst entwickeln wollte, zunächst verjagte und verdrängte. So wurde seine Aggressivität krank und destruktiv wie alles Verdrängte - wie sie sich dann in dem tollwütigen Fuchs zeigte.

Der junge Mann konnte bei diesem Erziehungsritual wohl nicht lernen, mit seinen aufbrechenden Triebenergien konstruktiv umzugehen: Nun weiß er sich ihnen gegenüber nicht anders zu helfen, als sie in der jeweiligen Gestalt, in der sie auftreten - als tollwütiger Fuchs oder als Mörder - zunächst radikal zu erledigen, zu erschlagen. Als Unerlöste stehen sie aber dann jeweils in neuer Gestalt wieder auf.

Zuletzt steigt in diesem Traum ein souverän aggressiver Adler auf und kreist über einem Gebirge. Vielleicht bringt er - Aggressivität in Gestalt eines königlichen Vogels, der auch die geistige Seite enthält - eine Lösung für das Problem dieser entfesselten Destruktivität? Als Vogel gewinnt er an Höhe, kann sich erheben über die Niederungen und die Gemeinheit des Problems, kann Überblick gewinnen. Indem er ein Gebirge umkreist, einkreist, kreist er zugleich einen schwer zu bewältigenden Problemkomplex, für den das Gebirge symbolisch steht, ein. Er sucht zumindest einen Überblick zu gewinnen.

Es erweist sich zugleich, daß hinter dem Aggressionsproblem, noch tiefer gesehen, ein Machtproblem sitzt, wie es regelmäßig zu narzißtischen Störungen gehört. Zum Adler fiel dem Analysanden eine selbst erlebte Szene ein, in der sich ein Fischadler mit einem zu großen Fisch, den er zu jagen suchte, überschätzt hatte: Als er die Beute aus dem Wasser ziehen wollte, wurde er selbst in das Wasser gezogen. Der Träumer weiß also auch um die Gefahr überzogener Höhenflüge, um die Gefahr der Selbstüberschätzung: Solche möchte er nicht wiederholen, doch den Überblick möchte er durchaus gewinnen und auch behalten. Der Adler sei für ihn als Symbol der Macht und der Machtansprüche auch ein gefährliches Wesen, erklärt er selbst zu dieser Szene.

Nun haben wir uns durch die bisherige Interpretation dieses bilder- und phasenreichen Traumes scheinbar ein Stück weit von unserem Ausgangssymbol, dem tollwütigen Fuchs, entfernt. Doch enthält das Bild des tollwütigen Fuchses im Grunde alle weiteren Auswüchse und Irritationen der Aggressivität, wie sie in diesem Traum vorkamen, den Mord an einem Mörder, das Abwehrritual gegenüber den Löwen und die Erscheinung des Adlers, wie die Büchse der Pandora in sich. So enthält die Eingangssequenz eines Traumes – wie die Ouvertüre einer musikalischen Komposition – meist in sich schon alle weiteren Themen, die der Traum noch anschlagen will.

Vom tollwütigen Fuchs wird öfters geträumt. Diese Träume müssen immer sehr ernst genommen werden, da die Instinktseite des Träumers jeweils stark irritiert erscheint.

Eine etwa 28jährige Lehrerin träumt, daß ein Fuchs in bedauernswertem Zustand mitten auf dem Feldweg sitzt, auf dem sie in die ungeliebte Schule zu gehen hat. Sie als Tierfreundin – sie hält sich mehrere Katzen – nimmt sich mitleidig seiner an und wird bei dem Versuch, ihn zu untersuchen, von ihm gebissen. Sie erschrickt sehr, da ihr erst jetzt der Verdacht kommt, er könne tollwütig gewesen sein, und sie macht sich sofort und in einiger Panik auf die Suche nach einem Arzt.

Der bedauernswerte Zustand des Fuchses – wir erfahren hier nicht eindeutig, daß es sich um Tollwut handelt – zeigt auf alle Fälle an, daß die Fuchseigenschaften der Träumerin – Instinktsicherheit, Klugheit bis zur List, wenn es sich um die Erhaltung der eigenen Existenz handelt, Vorsicht und Angriffslust zugleich – zu diesem Zeitpunkt sehr geschwächt sind. In diesem Zusammenhang ist wichtig, daß ihr der Fuchs auf dem Weg begegnet, der zu der für sie zur Zeit sehr unbefriedigenden, auslaugenden Tätigkeit als Lehrerin für verhaltensgestörte Kinder führt. Hier sitzt er ihr im Weg, damit sie sich mit ihm auseinandersetze. Es führt kein Weg an ihm vorbei.

Diese Frau reagiert sehr anders als der Mann im Traum vorher: Sie läßt arglos, um nicht zu sagen naiv, ihr Herz für Tiere sprechen, bemerkt dabei aber nicht, daß die Krankheit des Tieres ihr selbst gefährlich werden könnte und wird gebissen. Da der Fuchs ihr auf dem Schulweg begegnet, liegt die Überlegung nahe, ob er nicht zugleich auch mit den Verhaltensstörungen der Kinder zu tun haben könnte und andererseits mit dem pädagogischen Umgang dieser Lehrerin mit den Kindern. Die massive Aggressivität dieser Kinder, ihre Destruktivität, waren ihr mit der Zeit einfach über den Kopf gewachsen. Sie ging, wie sich im Gespräch herausstellte, ähnlich naiv und mitleidig einfühlend mit diesen Kindern um, ohne ihnen Grenzen setzen zu können, ohne die eigenen Angst- und Warngefühle wahrnehmen und einbringen zu können, so, wie sie es mit dem Fuchs tut. Daß die Kinder durch die brutalen Verhältnisse und die Bezugspersonen, von denen sie herkommen, in ihrem Instinkt- und Triebbereich gefährlich – und die Lehrer durch ihre Bisse mitgefährdend – erkrankt sind, nimmt sie nicht wahr, will sie nicht wahrhaben. Sie verharmlost die Situation und läßt ihr mitleidiges Herz stets vor ihrem pädagogischen und therapeutischen Sachverstand sprechen. Die Folge sind psychisch und physisch gefährliche Verletzungen, die sie selbst immer wieder davonträgt, ohne sich wehren zu können.

Der Traum sagt ihr unmißverständlich, daß nicht nur der Fuchs, der sich in den Kindern darstellt, erkrankt ist, sondern auch ihr eigener innerer Fuchs: Daß ihr Instinktbereich nicht in gesunder Weise anschlägt, sie nicht alarmiert - bzw. daß sie diese Alarmsignale nicht ernst nimmt; daß ihre Aggressivität nicht instinktsicher und selbsterhaltend, auch nicht situationsgerecht auf die Kinder reagiert; daß ihre Phantasie für das Gefährliche im anderen nicht funktioniert. In ihr selbst hat sich die zurückgestaute Aggression zu dem Zeitpunkt in eine autoaggressive Dynamik, in eine Selbstdestruktion verkehrt, die an ihrem Leben zehrt. Eine Dermatitis ist außerdem ausgebrochen.

Die junge Frau nahm jedenfalls die Konsequenz des Traumes, den Fuchsbiß, und ihre Angst, es könne der Biß eines tollwütigen Tieres sein, sehr ernst: Ihre verzweifelte Suche nach dem Arzt, mit der der Traum ohne Lösung endete, führte sie zu dem realen Schritt, eine psychotherapeutische Behandlung aufzusuchen.

Der Traum einer weiteren Behinderten-Pädagogin, die sich bereits in therapeutischer Behandlung befindet, ist sehr ähnlich:

Nach einer ersten Traumszene, in der eine große Zahl von Schweinen durch Elektroschock grau-

sam getötet werden, erscheint in der nächsten Szene ein Fuchs, der sich ihr nähert. Sie erkennt, daß er tollwütig ist, und greift nach einem Holzscheit, um ihn damit zu vertreiben. Doch schon hat er zugebissen. Sie ist in großer Panik, will in einer Telefonzelle einen Arzt antelefonieren, findet aber dessen Nummer nicht und beschließt, den nächsten besten Menschen anzurufen und um Hilfe zu bitten bzw. um Hilfe dazu, einen Arzt zu finden.

Auch dieser Traum endet ohne Lösung. Schon die Tötung der Schweine deutet an, daß der Träumerin im oralen Bereich und im Bereich des Mütterlichen auf grausame Weise etwas genommen worden ist. Schweine stehen symbolisch für Nährendes und Mütterliches. Sie werden ihr durch Elektroschock getötet. Die Mutter der Träumerin ist übrigens früh gestorben, so daß es ihr wirklich an vielem, was man elementar zum Leben braucht, fehlt.

Nun erscheint der Fuchs, der eigentlich eine rettende Instinktseite sein möchte: Doch da er tollwütig ist, verletzt er die Träumerin gefährlich mit seinem Biß. Sie ist im Unterschied zu der Träumerin des vorigen Traumes nicht naiv, sondern versucht, sich seiner mit einem Holzscheit zu erwehren. Das deutet an, daß sich das Ich dieser Destruktivität nicht ohnmächtig ausliefert. Es sucht vielmehr verzweifelt nach einem Arzt, auch hier wieder eine Parallele zu dem Traum zuvor, kann aber in seiner Panik die Nummer nicht finden. Es ist noch einmal ein positiver Impuls, daß dieses Traum-Ich in seiner ganzen Verwirrung es dennoch nicht aufgibt, den nächsten besten Menschen um Hilfe zu bitten, zumindest um Hilfe, an einen Arzt zu gelangen. Es mag bei diesem Traum auch mitgespielt haben, daß die Träumerin erlebte, daß in dem entscheidenden Moment des Bisses ihre Therapeutin nicht sofort greifbar war, daß sie aber immerhin den Mut und den Impuls hatte, nun auch die Menschen ihrer unmittelbaren Umgebung um Hilfe anzugehen. Das war für sie sehr viel, da sie bisher eine große Scheu gehabt hatte, Hilfe anzunehmen.

Der Fuchs als Symbol für Eros und Sexualität

Eine junge Apothekerin auf dem Lande, 24 Jahre alt, in einer Lebensphase, bei der in ihr Einsamkeit und Blockierung des sexuellen Bereichs mit Ausbruchversuchen aus dieser Lage einander abwechseln – alles in allem eine sehr frustrierende Phase für sie –, erzählt den folgenden Traum:

Mir ist auf einmal klar, daß ich einen Fuchs heiraten soll. Ich wundere mich irgendwie, habe auch ein bißchen Angst, finde es aber auch spannend. Ich erlebe mich dann, wie ich mit ihm unter einem Gebüsch im hohen Gras liege. Er ist so groß wie ein Mensch. Ich spüre sein weiches rotes Fell, das in der Sonne seidig schimmert. Auch sein buschiger Schwanz gefällt mir. Wohlig kuschle ich mich an ihn.

Die Träumerin war verblüfft, auch ein wenig erschrocken, solch einen Traum gehabt zu haben: Nichtsdestotrotz hat sie die Nähe des Fuchses als angenehm und erregend empfunden. Die junge Frau findet, ihr Traum ähnle den Märchen, in denen ein «Tierbräutigam» vorkomme wie in dem Grimmschen «Das singende springende Löweneckerchen» oder dem norwegischen «Der weiße

Wolf im Gebirge»: Diese Märchen, in denen das Mädchen ein Tier heiraten solle, hätten sie immer sehr beschäftigt. Eigentlich hätte das Mädchen in den Märchen zunächst immer große Angst vor dem Tier, meist wäre es auch unfreiwillig, z.B. durch irgendein Problem oder Versprechen des Vaters, in diese Situation geraten, ein Tier heiraten zu sollen. Auch ihr falle zu ihrem eigenen sexuellen Problem immer ihr Vater ein, der sie einerseits streng moralisch christlich erzogen und doch andererseits oft auch begehrliche Blicke nach ihr geworfen habe. Durch ihn habe das angefangen, daß sie bei jeder erotischen Annäherung eines Mannes bewußt abblocke, und daß ihr die Männer dann leicht wie Tiere erschienen.

Sie habe deshalb auch bei den Märchen immer das Gefühl, es sei die Einstellung der Märchenheldinnen selbst – allerdings von den Vätern geprägt –, die ihnen die Männer, mit denen sie zusammenkämen, wie Tierbräutigame erscheinen ließen. Sie selbst erlebe die Sexualität eigentlich mit weniger Gefühl als die Männer. Die Männer hingen immer wieder sehr an ihr und wollten die Beziehung gern vertiefen, was sie selbst aber nicht wolle. Sie hätte fast das Gefühl, sie erlebe die Sexualität noch abgespaltener als die Männer, die eigentlich immer wieder eine ganzheitliche Beziehung mit ihr hätten aufbauen wollen. Sie sagt das traurig, beschämt – mit einem nicht überhörbaren Groll gegenüber sich selbst in der Stimme. Ich frage sie, warum sie wohl in dieser Situation gerade von einem Fuchs träume.

«Ja, der Fuchs», sagt sie, «er macht mir in Wirklichkeit sehr ambivalente Gefühle. Ich finde ihn tatsächlich sehr schön, habe ihn oft beobachtet – ich gehe sehr gern allein im Wald wandern, oft stundenlang –, ich kenne auch sein Bellen und Rufen in der Brunftzeit sehr gut, dieses langgezogene 'hau', das er auch an sich hat, wenn er krank ist. Ich habe auch einiges über ihn gelesen, Tierfilme angeschaut; dabei ist mir immer aufgefallen, daß Füchse rührend mütterlich sind und daß auch er, der Rüde, ihr die Nahrung bringt, solange sie mit den Jungen beschäftigt ist. Er zieht sogar selbst die Jungen weiter auf, falls das Muttertier umkommt. Mir gefällt auch, wie klug er sich durchschlägt, zu dem Seinen kommt, denn er hat ja nicht so viele Körperkräfte. Er hat überhaupt nichts Bösartiges an sich. Andererseits ist er für mich eben doch ein 'Teufelstier', hinterlistig schleicht er sich an, stiehlt Hühner und Kaninchen – aber das ist doch eigentlich natürlich, ich weiß nicht, warum ich ihn so teuflisch empfinde. Und trotzdem: dieses Feuerrot seines Fells, dieses spitze, listige Gesicht, dieses Geheule zur Brunftzeit, dieser durchdringende Geruch, dieser Riesenschwanz – ja, ich finde, er hat einfach etwas Sexuelles an sich, etwas, was mich an Sexuelles denken läßt. Aber es ist etwas negativ Sexuelles, etwas, das sich hinterlistig anschleicht, einen dann an der Kehle packt und plötzlich sehr wild wird.»

Sehr deutlich empfindet sie selbst, wie gespalten ihr Verhältnis zum Erotisch-Sexuellen, zur Tierseite in ihr selber, ist, die ihr im Traumbild des Fuchses in seiner Ambivalenz entgegentritt. Kein Tier könne so stark die Ambivalenz ihrer Gefühle verkörpern wie gerade der Fuchs, sagt sie, an dem schon in der Symbol- und Religionsgeschichte immer diese doppelte Bedeutung hinge. Es war der Träumerin, die auch religionsgeschichtlich interessiert war, wichtig, ihre eher schockierende Fuchserfahrung im Lauf unserer Gespräche allmählich auch in einen größeren Zusammenhang stellen zu können.

Wir vergewisserten uns also, welche Bedeutung der Fuchs in früheren Religionen gehabt habe: in einem alten thrakischen Kult stand der Fuchs mit Dionysos in Verbindung: Dionysos nannte sich in diesem Zusammenhang Bassareus: der mit dem Fuchsfell Bekleidete; auch die bei diesem Kult opfernden Mänaden trugen Fuchspelze. Als Vegetationsgott wird er überall in Europa angerufen und herbeigerufen, man stellte Opfer für ihn bereit: zu Weihnachten, Fastnacht, Johanni oder auch St. Blasius. Als Korndämon läuft er «nach altem Volksglauben» durch die reifen Kornfelder oder sitzt in der letzten Garbe. Ums Osterfeuer lief in Westfalen als neuerstandener Fruchtbarkeitsdämon ein Fuchs. In einigen Gegenden des nordöstlichen Westfalens galt der Fuchs als derjenige, der die Ostereier bringt und ein Nest für sie baut. In Paris wurde zu Johanni ein Fuchs verbrannt: ein altes Opfer an den Vegetationsgott, das später mißverstanden wurde, als handle es sich um eine Verbrennung zur Bestrafung und Austreibung dieses Teufelstieres.

In China und Japan spielt der Fuchs als Gottwesen und geisterhaftes Tier eine große Rolle. Hier ist auch von Füchsen, die sich in Menschen verwandeln und Menschen heiraten, die Rede. Ähnliches berichtet die Eskimo-Sage. In Japan spricht man allerdings auch bei hysterischen Frauen von Fuchsbesessenheit: Hysterie hat bekanntlich viel mit unerlöster, blockierter Sexualität zu tun. Ob auch der germanische Gott Donar, der Rothaarige und Vollbärtige, mit dem Fuchs zu tun hat, ist umstritten. Mit Sicherheit aber haben im germanisch-keltischen Bereich die Wald- und Berggeister mit dem Fuchs zu tun: Die Geister der Berge im Glarnerland heißen selbst Faijer oder

Füchse; der schwäbische Waldgeist hat Fuchsgestalt. Häufig finden sich Füchse im Gefolge dämonischer Wesen: im Zuge des Nachtjägers oder auch der Weißen Frauen; der wilde Jäger jagt mit Hilfe von Wildhunden, also Füchsen. Als feuriger Fuchs treibt er in der Oberpfalz seinen Spuk. Der Fuchs gehörte in Norwegen früher zu der Herde der Trolle: später, nach der Christianisierung, wurde er als Hexentier betrachtet.

Hier ist sichtbar, wie die alte Natur- und Vegetationskraft des Fuchses, das dionysische Element in ihm, auf einmal – unter dem Einfluß des Christentums, das das Dionysische fürchtete – verteufelt wurde. Unter christlichem Einfluß erschien der Fuchs als Teufelsgeschöpf oder gar als der Teufel selbst. Sogar das rote Haar der Frauen und der Männer, das an die Teufelsfarbe des Fuchses und zugleich auch die roten Haare Donars erinnerte, brachte diese leicht in Verdacht, mit dem Teufel in Kontakt zu stehen. Man nennt Rothaarige auch heute noch gerne «Rotfüchse».

Es tröstete die Träumerin des Fuchstraumes geradezu und half ihr, sich selbst besser zu verstehen, als sie diese Zusammenhänge sah und auch ihre damit verbundene Ambivalenz der Sexualität gegenüber als ein nicht nur privates, sondern auch kollektives Problem sehen lernte, das aus der Abwertung der – früher dem Gott Dionysos geweihten – Sexualität durch das Christentum stammt. Seitdem steht die Sexualität im Verdacht, etwas Tierhaftes zu sein. Die Märchen wissen um dieses Problem und lassen deshalb einer Frau den Mann oft zunächst als einen Tierbräutigam erscheinen, den es dann allerdings durch echte Liebe zu erlösen gilt. Dabei fiel unserer Träumerin auf, daß in den Tierbräutigam-Märchen oft gerade der Tierbräutigam selbst derjenige ist, der als erster eine echte tiefe Zuneigung zu dem Mädchen faßt, das eher unfreiwillig zu ihm gekommen ist, und der, auch durch seinen erschütternden Trennungsschmerz, als sie ihn zu verlassen droht, ihr Herz allmählich gewinnt.

Die Träumerin dieses Traumes also soll einen Fuchs heiraten, sich wirklich auf ihn einlassen, sich lebenslang mit ihm verbinden. Sie soll es; es ist oft so in den Träumen, daß die Instanz, die dieses Sollen verlangt, nicht eigens sichtbar wird. Es erweist sich vielmehr als ein inneres Wissen in der Träumerin selbst, ein Wissen darum, daß dies und nichts anderes jetzt geschehen soll. Sie will es im Grunde auch selbst und weiß, daß es gar keinen anderen Weg gibt. Unsere Träumerin braucht den Fuchs. Sie braucht seine naturhaft-instinktive Kraft, seine animalische Wärme und seine selbstverständliche Sexualität. Sie braucht seine Kräfte als Fruchtbarkeitsdämon, als Tier des Dionysos und der Mänaden. An der Begegnung mit ihm kann ihre abgespaltene und aufgespaltene Sexualität gesunden: In Wirklichkeit ist die Träumerin eine sexuell stark ansprechbare Frau. Der Traum hilft ihr, dazu zu stehen. Der Traum führte ihr ihre Sinnenfreude, ihre gesunde Sinnlichkeit sehr schön vor Augen: ihre Freude an dem feurigen Fell, dem seidigen Glanz, der Weichheit, an der buschigen Fülle des Schwanzes, an der Wärme und der erregenden Ausstrahlung dieses Tiermenschen. Daß die Tiere oft verwunschene Menschen sind, lernen wir aus den Märchen: In einem dieser Märchenfüchse steckt der «getreue Gerhard», in einem anderen der Bruder der Prinzessin.

Der Traum meint wohl allen Ernstes, daß die junge Apothekerin sich mit dieser Fuchsseite – die nicht nur im Mann, sondern in ihr selber steckt – verheiraten soll. Damit könnte sie diese Seite der Tierhaftigkeit wieder ins Menschliche zurückholen, wieder den Menschen herausholen, der in ihr steckt. Sie wieder zu vermenschlichen hieße, sie aus der instinkthaften Unbewußtheit – die sie in ihrer Tierhaftigkeit charakterisiert – herauszuholen, so daß sie ihr nicht nur instinkthaft unbewußt helfen oder auch in den Rücken fallen kann, sondern daß die Sexualität zur bewußt bejahten Kraft wird, die sie auch verantworten kann.

Auch Männer haben häufig Träume von einer Fuchs-Frau. So träumt ein 35jähriger, sehr gehemmter Mann, Junggeselle, Bibliothekar:
Ich habe eine Liebesbeziehung zu einer Fuchs-Frau. Wir treffen uns immer im verschneiten Wald.
Zu dem verschneiten Wald fällt ihm ein, daß die Brunftzeit der Füchse im Januar/Februar ist. Er empfindet aber auch, daß es in seinem Gefühlsbereich bis dahin, und vielleicht noch immer, eigentlich winterlich, nämlich kalt und erstarrt zugeht. Als recht belesenem Mann, der die Gedichte von Ingeborg Bachmann kennt, fiel ihm auch ein Gedichtanfang ein:

«Im Winter ist meine Geliebte
unter den Tieren des Waldes,
daß ich vor Tage zurück muß,
weiß die Füchsin und lacht.»

In dieser Assoziation zeigt sich die ganze Angst und Ungeborgenheit in der Beziehung zu einer Frau, die er zur Zeit zunächst nur auf sexueller Ebene, wie er sagt, leben kann. Er fürchtet, «bei Tage» – also wenn das Bewußtsein und der Alltag ins Spiel kommen – würde diese Beziehung sich auflösen. Dennoch: Diese Füchsin, die er auch als raffiniert erlebt, zieht ihn sexuell ungeheuer an.

Seine Assoziation zu der Füchsin war, daß im englischen eine sexuell sehr attraktive Frau auch als Foxy-Lady bezeichnet wird. Füchsinnen sind dämonisch, sagt er – als Dämoninnen gelten sie in der Tat, auch in der chinesisch-japanischen Mythologie, dort aber nicht mit negativem Akzent –, sie seien Hexen. Damit ist er in voller Übereinstimmung mit der mittelalterlichen Auffassung, die, wie man sieht, im Unbewußten eines heutigen Mannes durchaus ihren Niederschlag gefunden hat und in enger Entsprechung zu seinen sexuellen Ängsten steht. Für viele Männer ist der Fuchs speziell ein weibliches Wesen, und sie projizieren gern auf ihn all das, was sie an der Frau fürchten. In eigentümlicher Entsprechung dazu steht, daß der althochdeutsche Ausdruck für Fuchs, Fohar, der später zur Bezeichnung für die Füchsin, Fähe, geworden ist, ausschließlich im weiblichen Geschlecht stand. Es fällt ihm auch der Fuchspelz ein, den seine verstorbene Mutter immer getragen habe: Vor ihm habe er sich gegraust und ihn doch immer fasziniert angeschaut. Seine Mutter wäre ihm darin wie eine gefährliche Jägerin erschienen. Er habe seine Mutter, die ihn eher erotisiert als mütterlich versorgt habe, immer als recht ambivalent empfunden. Er horcht auf, als er im Zusammenhang mit diesem Traum von dem Märchen erfährt, in dem eine Füchsin die Seele der verstoße-

nen Mutter ist, die nun als hilfreiches Tier dem Helden zur Seite steht.
Sollte sich in dem Traum von der Füchsin nicht auch ein hilfreicher Aspekt für den Träumer konstellieren? Braucht er in seiner Isolierung doch die Antriebe, die von ihr ausgehen – und es sind ihrer ja mehr als nur die sexuellen, die die Füchsin ausmachen, auch wenn diese dem Träumer zuerst einfallen. Wir sprachen nun auch über die echte Mütterlichkeit, die eine Fuchsmutter aufbringt, über ihre Instinktsicherheit und Fürsorglichkeit für die Kleinen, die sie jeweils mit dem Maul in die Sonne trägt oder sofort wieder wegbringt, wenn z. B. ein Mensch in die Nähe kommt. Es gab für ihn in der Fuchs-Frau noch mehr zu entdecken als nur ihre sexuelle Verführungskraft und die Unzuverlässigkeit, die er ihr unterstellte. Es wollte sich in der Begegnung mit der Traumfüchsin auch etwas in seinem negativen Mutterbild verändern, das natürlich mit daran schuld war, daß er bisher unfähig gewesen war, sexuell erotische Beziehungen, die in die Tiefe gingen, aufzunehmen. Auch er muß seine Fuchs-Frau zur Menschlichkeit erlösen.
Wie deutlich Füchsin und Fuchs in europäischen Märchen der christlichen Zeit mit Sexualität zusammengebracht werden, zeigt das Grimmsche Märchen «Von der Frau Füchsin» (KHM, Urfassung Nr. 38). Der Mann der Frau Füchsin, der tat-

sächlich neun «Zeiselschwänze» hat - also eine enorme Potenz - stellt sich tot, um sie zu erproben. Sie trauert um ihn. Als ein junger Fuchs, der nur einen Schwanz hat, vorstellig wird, um sie zu freien, wird er abgewiesen, ebenso wie alle, die weniger als neun Schwänze haben. Als sich jedoch zuletzt doch noch einmal ein neunschwänziger wie ihr vermeintlich verstorbener Gatte vorstellt, läßt sie sich auch sofort auf ihn ein: In diesem Moment springt der nur scheintote «alte Fuchs» fuchsteufelswild dazwischen, prügelt alle Konkurrenten hinaus und verjagt schließlich auch seine Frau. In einer Variante zu diesem Märchen ist der alte Fuchs *wirklich* gestorben. Frau Füchsin weist alle Freier, ob Wolf, Hirsch, Hase oder Bär, pauschal ab, weil sie kein «rotes Höslein» und kein «Spitzmäulchen» haben wie der alte. Erst ein junger Fuchs bringt beides mit. Da sagt die Frau Füchsin sofort: «Er soll heraufkommen», und heiratet ihn. Nur ein Fuchs also kann einer Füchsin in ihren hohen Ansprüchen genügen.

Der Fuchs als Rückverweis auf Kindheit und Jugend

Die Ärztin, die mir den zu Anfang besprochenen Traum zur Verfügung stellte, faßt ihre Assoziationen zum Fuchs in die Aussage zusammen: «Wenn ich vom Fuchs spreche, fallen mir immer meine Heimat und meine Kindheit ein. Ich sehe ihn in Kiefernwäldern, Sonne, Heide und auch im Mischwald... Dort gehört er für mich hin.»

Das zeigt natürlich auch, daß der Fuchs mit seiner Instinktsicherheit, seinem Einfallsreichtum und seinem kundigen Umgang mit der Natur in der Kindheit für manche Menschen noch wesentlich näher war als in der Zeit des erwachsenen Lebens.

Eine 38jährige Frau, die in einer recht einengenden Ehe lebt, erzählt mir den folgenden Traum:

Ein Fuchs erscheint an einem sonnigen Wintertag auf dem Marktplatz von C., der Stadt, in der ich aufgewachsen bin. Erst denke ich, er sei sicher tollwütig; er bewegt sich aber sehr vorsichtig und scheu. Er scheint hungrig zu sein. Ich gebe ihm etwas zu fressen, was ich schnell an einem Marktstand erstehe: süße Früchte, etwas Fleisch. Er verzehrt es dankbar und bleibt dann mit auf-

gestellten Ohren vor dem Eingang zum Münster sitzen.
Die Träumerin lebt schon lange nicht mehr in dieser Stadt, in der sie ihre Kindheits- und Jugendjahre und ihre ganze Schulzeit verbrachte. Auch ihre erste Jugendliebe erlebte sie dort. Jetzt im Traum ist sie auf einmal wieder in dieser Stadt. Wenn Erinnerungsbilder an frühere Orte unseres Lebens im Traum auftauchen, heißt das immer, daß wir jetzt an diesem alten Ort auch wirklich «etwas verloren haben» bzw. etwas zu suchen, wiederzufinden oder auch aufzuarbeiten haben. Allein also, daß sie im Traum wieder in dieser Stadt ist, an der so viele Erinnerungen hängen, in der jedes Haus ein Gesicht hat, zeigt, daß sie etwas aus ihrer Kindheit wieder einholen soll. Auf dem Marktplatz vor allem hat sie sich oft mit ihrem Freund getroffen: Hier wurde man auch von den Leuten gesehen, es wurde gefragt, wer geht mit wem. Hier gab es die Marktstände, wo man sich für sein Taschengeld etwas Gutes erstehen konnte: Obst und Leckereien. Hier stand aber auch die Schule und mit dem Münster die Kirche.
Und nun erscheint da dieser Fuchs. Der Fuchs gehört für sie in die wilde Natur, er begegnete ihr oft in den Bergwäldern rings um ihre Heimatstadt, begegnete ihr auf den ausgedehnten Wanderun-

gen mit ihrem Freund. Er ist für sie auch der Listige, der Rat weiß, z.B. in schwierigen Beziehungssituationen.

Dieser Fuchs erscheint nun, hungrig. Er erscheint an einem Wintertag. Es fehlt ihm etwas, dieser inneren Fuchsseite in ihr, instinkt-, natur- und erosverbunden, fehlt es an Nahrung und Zuwendung. Schon in den alten Zigeunertraumbüchern konnte man lesen: Wenn der Fuchs auf dem Marktplatz erscheint, bedeutet das Teuerung. Wir fragten uns, wo in ihrem derzeitigen Leben es Teuerung und Hunger gäbe: Es war ihr ganz klar, daß die Teuerung vor allem innerhalb ihrer Ehe bestehe, in der die Gefühle beider Partner wie eingefroren waren. Deshalb wohl wird es in dem Traum, den sie mitten im blühenden Frühjahr träumt, Winter sein. Es erweist sich immer dann als besonders wichtig, die Jahreszeit, die im Traum auftaucht, auf ihren Stimmungs- und Symbolgehalt hin zu befragen, wenn sie der Jahreszeit, in der der Traum geträumt wird, kraß widerspricht.

Dieser Fuchs erscheint auf dem Marktplatz, dem Kommunikationszentrum der Stadt, er ist unübersehbar, vor allem für die Träumerin: Sein Ausgehungertsein bezieht sich auf den Kontakt- und Gefühlsbereich, schließt aber auch – wie die Träumerin assoziiert – ein Mangelgefühl im Bereich des Geistigen und des Religiösen ein. Auch

Schule und Kirche stehen ja direkt am Markt, charakterisieren den Markt.
Es spricht nun sehr für das Traum-Ich, daß es diesen scheuen Fuchs zu füttern versteht, daß es sich seiner annimmt und daß er es annimmt. Er nimmt ja das wertvolle Futter dankbar entgegen – süße Früchte, die wohl auf Nahrung aus dem erotischen Bereich hindeuten, und Fleisch, das seine wilde Natur stärkt. Mit beidem nährt natürlich die Träumerin den Fuchs in sich selbst. Sie erzählt, daß sie kürzlich einen Musiker kennengelernt habe, welcher sie auch auf Fortbildungsmöglichkeiten bzw. ein Zweitstudium in diesem Bereich, der ihr während ihrer Schulzeit sehr nahe gewesen war, hingewiesen habe. Vor allem habe dieser Musiker sie an ihren ersten Freund erinnert. Es bewegt sich also wieder etwas im Gefühlsbereich dieser Frau: Und zugleich werden ihre eigenen kreativen Fähigkeiten angesprochen. Beides verkörpert sich im Traum in diesem Fuchs, der, sehr bedürftig, auf dem Marktplatz ihrer Heimatstadt erscheint. Es gilt für sie, an Gefühle und Begabungen wieder anzuknüpfen, die sie mit dem Auszug aus dieser Stadt brachliegen ließ. Zugleich kommt auch ein weiteres Thema ihrer Jugend wieder auf: Kann sie sich öffentlich, vor der Öffentlichkeit, mit ihrem Partner, mit ihren Gefühlen zeigen, oder braucht sie auch die List und Vorsicht

des Fuchses, um ihre Sehnsucht nach einem lebendigerem Leben – auch vor ihrem Partner? – zu verbergen.
Zuletzt machte es sie nachdenklich, warum der Fuchs sich ausgerechnet vor dem Münster postiert. Gerade vor dem Münster: noch dazu wachsam mit aufgestellten Ohren. Ein Fuchs vor dem Münster; das scheint ihr ein denkbar krasser Gegensatz zu sein, ein fast komischer Gegensatz: Der Fuchs gehört nach ihrem Empfinden mehr zu der wilden Natur, die mit der kirchlichen Einstellung und Moral, die ihr in ihrer Jugend vermittelt wurden, in Widerspruch steht, gehört mehr zu den Hexen als zu den Heiligen. Aber eben hier macht sie der Traum auf etwas aufmerksam, wie auch der Fuchs in ihr mit aufgestellten Ohren wachsam dasitzt: Es scheint wichtig zu sein, ihn gerade hier zu bemerken; zu beobachten, was vorgeht, wenn die Menschen in die Kirche gehen wollen und dabei einen Fuchs passieren müssen. Es geht offenbar darum, den Fuchs als das sogenannte Teufelstier – mit allem, was er als solches verkörpert – nicht mehr weiterhin aus dem Bereich des Religiösen völlig auszuklammern. Es gilt sich daran zu erinnern, daß er in anderen Phasen und Regionen der Religionsgeschichte auch als Begleittier der Götter und als Seelengeleiter galt: Es geht darum, die Eigenschaften des Fuchses –

seine Spürigkeit, sein Witterungs- und Sichtvermögen in die Nacht, ins Unbewußte hinein, seine positive Verbundenheit mit Eros und Sexualität – als etwas wiederzuentdecken, das sich mit Religiösem verbinden und integrieren läßt. Auch bei dieser Frau war wie bei vielen ihrer Generation, gerade durch die strenge religiös-moralische Erziehung im Schulhaus und der Kirche ihrer Heimatstadt, eine Kluft zwischen Religion und Eros aufgerissen worden.
Freilich: In der Kirche wurde sie auch mit ihrem jetzigen Mann getraut, und der Fuchs sitzt jetzt listig und wachsam davor: als Frage eher, was aus dieser Ehe werden solle; ob lebendige Erotik noch einmal mit hinein könne und solle in diese kirchlich sanktionierte Ehe – oder ob lebendige Erotik vor der Kirchentür auch dieser Ehe bleiben müsse und ob es dann einiger List bedürfe, um sie vor dieser Kirche und Gesellschaft dennoch leben zu können. Wir machten uns nun Gedanken darüber, daß lebendige Erotik auch in einer lange bestehenden Ehe wieder aufkommen könne, gerade dann, wenn erotische Sehnsucht und Phantasie, wie sie an der Begegnung mit dem Musiker wieder aufgebrochen waren, nicht länger einfach abgedrosselt werden müßten. Sobald in einem der Ehepartner überhaupt wieder Gefühle aufbrechen, können sie – wenn im Sinne lebbaren Lebens mit

ihnen umgegangen wird – auch auf die lang bestehende Beziehung zurückstrahlen, müssen sie keineswegs nur zerstören. Wie dies im einzelnen zu gestalten wäre, kann natürlich nur am konkreten Beispiel einer Lebensgeschichte miteinander durchgedacht und durchgespielt, auch durchgespürt werden.
Jedenfalls gab das Erscheinen des ausgehungerten Fuchses auf dem Marktplatz ihrer Heimatstadt für diese Frau Anlaß und Anregung genug, mit ihrer Instinkt- und Gefühlsseite und den entsprechenden Bedürfnissen wieder sehr aufmerksam umzugehen. Es begann damit für sie eine Phase neuer Erlebnisfähigkeit in der Beziehung, aber auch im Blick auf ihre eigene Kreativität. Sie begann sich im Zeichen des Fuchses der Natur in ihr selber wieder zuzuwenden, begann wieder zu musizieren und an ihrer musikalischen Weiterbildung zu arbeiten.

Der Fuchs als Seelenführer

Eine besondere Qualität erlangt der Fuchs, wo sich seine sprichwörtliche List noch differenziert zu Spürigkeit, zu Witterungsvermögen bis in den Bereich des Unbewußten hinein. Der Fuchs ist eines der Tiere, die bei Nacht jagen, bei Nacht sehr gut sehen und die im Wald als dem Symbolbereich der inneren Natur, des Unbewußten, zu Hause sind, er ist daher in der Tat auch als Seelengeleiter, als Psychopompos, bekannt. Dabei kommt ihm seine reale und symbolische Verbundenheit mit diesem Bereich und den Kräften des Dunklen besonders zustatten.

Ein besonders anschaulicher Traum vom Fuchs als Seelenführer wurde von einer Studentin geträumt (zu der Zeit 25), als sie begann – den üblichen Studiengang eines Universitätsstudiums als sehr einseitig empfindend –, sich der Tiefenpsychologie, die mit Träumen und Imaginationen aus dem Unbewußten arbeitet, zuzuwenden. Sie erzählt:

Am Waldrand treffe ich einen Fuchs. Neugierig folge ihm ihm. Schließlich führt er mich in eine wunderbar geheimnisvolle Wasserlandschaft.

Auf einmal überlege ich mir: Warum folge ich ei-

gentlich schon die ganze Zeit diesem Fuchs? Und ich frage ihn: «Mich nimmt wunder, warum ich dir eigentlich die ganze Zeit schon folge?» Da wendet er seinen Kopf zu mir und sagt: «Merkst du denn nicht, wer ich bin?» In dem Moment erkenne ich Carl Gustav Jung an seinen lustig-listigen Augen. Doch da verschwindet er auch schon.

Bald darauf erkenne ich ein Schiff in Seenot und muß durch Rettungsschwimmen einige der über Bord Gegangenen auflesen.

Hier erlebt die Studentin den Fuchs als ein Wesen, dem sie, ohne selber zu wissen warum, unter einer eigentümlichen Faszination folgt. Er wird ihr hier auf eine fast selbstverständliche Weise zum Führer: Er führt sie zu einer geheimnisvollen Wasserlandschaft. Wasser ist ihr in Wirklichkeit ein sehr wichtiges Element, in dem sie sich wesensmäßig wiedererkennt. Für sie ist kein Sommer ohne Aufenthalt am Wasser denkbar: Sie liebt die weiten Seen des Voralpenlandes, vor allem aber zieht es sie zum Meer. Beim Blick auf die Weite des Wasserspiegels kommen ihr die Inspirationen: Weiträumige Ideen, aber auch Sehnsüchte und Fernweh wachen auf. Nicht weniger zieht sie die Tiefe des Wassers an. Am liebsten schwimmt sie über großer Tiefe, taucht gerne und läßt sich faszinieren von dem phantastischen Leben in der Tiefe des Meeres, von den bizarren Pflanzen, Korallen und vor allem auch von den Fischen. Zu der Zeit hatte sie einmal einen Traum, in dem Zeit und Raum ihre sonstige Eindeutigkeit völlig verloren, als sie unter der Oberfläche des Wassers schwamm.

Wenn sie also von dem Fuchs zu einer geheimnisvollen Wasserlandschaft geführt wird, gelangt sie durch sein Geleit zu einer Region, die ihr als reale Landschaft sehr viel bedeutet, die aber auch seelisch viel ins Schwingen bringt, die zugleich eine Seelenlandschaft ist. Zudem ist die Wasserlandschaft eine innerseelische Landschaft: innere Gegend, die sich aus dem Unbewußten erhebt, aus ihm aufsteigt, imaginativ und visionär. Sie beschreibt diese Wasserlandschaft im übrigen so: «Sie ist so, wie ich mir die Bretagne vorstelle, wo ich noch nie war, eine sanfte Wiesenlandschaft, die dann plötzlich nach unten steil abfällt, in Klippen; unten liegt dann ein Sandstrand, auf dem die Wellen anprallen.» In dieser Landschaft findet sie sich, dem Fuchs folgend, plötzlich vor. Sie fällt, von ihrer bisherigen Bewußtseinsebene aus gesehen, steil zum Meer hin ab. Es ist eine Kluft zwischen ihrer sonstigen Bewußtseinshöhe und der Ebene des Unbewußten.

Erst jetzt wird ihr bewußt, daß sie intuitiv, instinktiv diesem Tier folgt, ohne es zu kennen. Sie wundert sich darüber, und zugleich entsteht der Impuls in ihr, das Tier näher zu betrachten. Als bewegte es der gleiche Impuls – wie es ja auch der Fall ist, da der Fuchs subjektstufig betrachtet, nichts anderes ist als die Instinktseite der Träumerin selbst –, hebt jetzt auch der Fuchs seinen Kopf, wendet ihn ihr zu und gibt sich zu erkennen; da überkommt auch sie ein jähes Wiedererkennen: Dieser Fuchs gleicht niemand anderem als Carl Gustav Jung, er ist C.G. Jung. Jungs lustig-listige Augen, die man auf allen Fotos von ihm so ausdrucksvoll erkennen kann, waren das erste, was der Studentin zu der Verwandtschaft zwischen Jung und einem Fuchs einfiel. Sie hatte Jung ja nicht mehr persönlich gekannt. Bei näherem Zusehen fand sie zwischen Jung, vor allem wie er sich in seinem Werk darstellt, und dem Fuchssymbol zahlreiche Vergleichspunkte: daß es für Jung in seinem ganzen Nachdenken auch um so etwas wie ein «Sehen in der Nacht», um ein Einbeziehen des Unbewußten in das Bild des Menschen, in die Tiefenpsychologie und die dementsprechende therapeutische Praxis geht; sie erlebt ihn durchaus auch als einen «Fuchs», insofern, als auch er für «Tricks», die festgefahrenen Therapien eine befreiende Wende geben können, und für die Gestalt des Tricksters eine Menge übrig hatte; sie erlebt sich selbst im Gegenüber zu ihm als eine, die sich, einer geistig-seelischen Faszination folgend, auf ihn eingelassen hat und dadurch an Orte gerät, von denen sie gar nichts ahnte und die sie sich «nicht hätte träumen lassen».

Indem sie aber diese Erkenntnis hat, in dem Fuchs Jung erkennt, wird sie im Traum auch schon von ihm verlassen. In dem Märchen «Der goldene Vogel» begleitet der Fuchs den Helden nur bis zu einem bestimmten Punkt. Dann muß er ihn verlassen, ja ihn bitten, ihm den Kopf abzuschlagen: Nur dann kann der Fuchs sich zum Menschen wandeln, nur dann kann die menschliche Hauptfigur des Märchens, der Held, diese Fuchsseite so in sich integrieren, daß sie ihm zu eigen wird, daß sie ihm künftig von innen her als der «Fuchs in ihm» zur Seite steht. Von solch einer Verwandlung des Fuchses allerdings spricht der Traum nicht. Aber wir sehen, daß das Ich der Traumheldin sofort nach der Begegnung mit dem Fuchs-Jung dazu herausgefordert wird, selbst rettend einzuspringen und Menschen aus Seenot zu befreien. Sie sagt dazu: «Man läßt sich auf ihn ein und ist plötzlich an einem Ort, an den man gar nicht gerne wollte: Ich mußte dort gleich ein Schiff in Wassernot herausholen, bzw. ich mußte rettungsschwimmen und Leute herausholen, während das Meer tobte...» Sie darf diesem plötzlich identifizierten Fuchs, der therapeutischen Kraft C.G. Jungs sozusagen, dessen seherischer Fähigkeit im Blick auf das Unbewußte, nicht länger nur neugierig nachlaufen: Sondern sie muß das neu Entdeckte in einer Seenotsituation erproben und bewähren. Menschen in Seenot: Symbolisch verstanden sind es zugleich Menschen in seelischer Not, denn das stürmische Meer ist ein Bild für das aufgewühlte, übermächtig werdende Unbewußte, das einen Menschen überwältigen kann.

Auch dieses Bild gilt es wieder subjektstufig und objektstufig zugleich zu verstehen: Objektstufig spielt es darauf an, daß für die Studentin das faszinierte Sich-Einlassen auf die Tiefenpsychologie Jungs auch mit einer Motivation, selber die Ausbildung zur Psychotherapeutin zu durchlaufen, gekoppelt war: die Faszination durch das Unbewußte ging also sehr rasch in eine Motivation über, Menschen in seelischer Seenot beistehen zu lernen.

Subjektstufig bedeutet das Bild auch, daß seelische Anteile der Träumerin selber in Seenot geraten waren, daß ihnen der Boden unter den Füßen wankte, seit sie, auf die Fährte dieses Fuchses gesetzt, sich auf die Tiefenpsychologie eingelassen hatte und auf das stürmische Gewässer des eigenen Unbewußten geraten war. Hier zeigt der Traum allerdings auch, wie beherzt das Traum-Ich einzugreifen und zu retten vermag, so daß keine nennenswerte seelische Gefahr für die Träumerin

besteht, auch wenn eines ihrer Schiffe in Seenot geraten ist.
C. G. Jung zu begegnen in einer Fuchsgestalt: das bedeutet – nun auch subjektstufig genommen – nicht nur zu erkennen, welches Gesicht sich hinter der geheimnisvollen Faszination durch das Unbewußte eigentlich verbirgt, daß die Faszination nämlich das Gesicht und den Namen Jungs und seiner Tiefenpsychologie trägt, es heißt zugleich, sich durch diesen Traum auch selbst vom gleichen Erkenntnisdrang erfüllt und von der Motivation zu einem therapeutischen Beruf ergriffen zu sehen wie Jung. In Gestalt eines Fuchses und des «alten Fuchses» C. G. Jung, wie sie ihn respektvoll-ironisch benennt, hat das Unbewußte begonnen, sie selbst zu ergreifen. Das Unbewußte in ihr, ihr Unbewußtes, hat ihr bereits diese Bilder zugespielt, um sie für ihre eigene Tiefe und deren Erkundung zu engagieren. Kein Wunder, daß sie noch im gleichen Traum die ersten Schiffbrüchigen auf der hohen See – in ihr selber – zu retten hat. Ein wenig Selbstkritik und Distanzierung im Blick auf ihr bisher allzu selbstverständliches Herlaufen hinter der Faszination durch diesen «Fuchs», durch C. G. Jung und seine Psychologie, enthält dieser Traum natürlich auch.

Der Fuchs in uns ist so etwas wie der seelengeleitende Therapeut in uns, der mit uns, wie wir selber, zerzaust und niedergedrückt oder auch aufgerichtet wird: Davon spricht der Traum einer 42jährigen Ärztin. Der Fuchs erscheint in diesem Traum wie eine Parallelfigur zu ihr selbst:

Ich bin in einer Klinik und werde von einem Pfleger gerufen, weil eine junge Frau einen Anfall hätte. Es handelt sich um eine junge, etwa 20jährige Frau, die sehr zart und zerbrechlich aussieht. Ich sehe sie mir an und habe das Gefühl, der Anfall sei überstanden.

Als ich gerade den Raum verlassen will, spüre ich, daß diese junge Frau in tödlicher Gefahr ist. Ich stürze auf sie zu und sehe sie in Krämpfen, die nicht aufhören wollen. Dem daneben stehenden jungen Mann rufe ich zu, er solle mir sofort die Ampulle eines Medikaments aufziehen; er läßt diese, die letzte, die vorhanden ist, vor Aufregung auf den Boden fallen, sie zerbricht. In meiner Verzweiflung sauge ich die Flüssigkeit vom Boden mit einer Kanüle auf und führe diese mit meinem Mund in eine Vene des linken Armes ein. Es genügt mir, den Anfall zu stoppen, die junge Frau ist außer Gefahr, ich selbst bin zu Tode erschöpft.

Ich bin dann plötzlich in einem nicht sehr dichten sommerlichen Laubwald, in den die Sonne hineinscheint. Ich bin noch immer erschöpft. Als ich aufblicke, sehe ich einige Meter vor mir einen großen, etwas zerrupften roten Fuchs stehen, außer

Atem wie ich. Er schaut mich gelassen und, wie ich meine, auch etwas spöttisch an, so als ob er mir sagen wollte: Es ist gar nicht so leicht, einer Falle zu entkommen.

In der letzten Szene, in der sich auch atmosphärisch die vorher so angespannte Situation entspannt und lichtet - aus dem Krankenhaus führt diese Szenerie ins Freie, in einen hellen Laubwald -, taucht nun der Fuchs auf: gelassen und etwas spöttisch überlegen, während das Traum-Ich selbst die Aufregung nur eben erst überstanden hat und noch sehr erschöpft ist. Zugleich ist dieser Fuchs erkennbar als ein Wesen, das das, was die Träumerin durchgestanden hat, selber ganz parallel miterlebt hat: Auch er ist zerrupft und außer Atem wie sie. Er ist wie ein aufs engste mit ihr verbundenes Seelentier. In solcher Funktion stelle ich mir die Totemtiere unserer Ahnen vor. Als solches ist es ihr dennoch überlegen: Es ist gelassen, während sie echauffiert ist - es scheint, als stünde er durch sein überlegenes Wissen mehr über der Situation als das Traum-Ich selbst. Es scheint sich ja bei dieser Situation um so etwas wie eine Falle gehandelt zu haben, in die die Träumerin leicht hätte geraten können, in die sie - wie der Traum sagt - bereits auch gekommen ist. Zu dieser Falle äußert sie sich selbst: «Der Traum erinnerte mich an die schwere Krise, die ich Monate zuvor durch-

lebte und zum Zeitpunkt des Traumes bereits völlig überwunden glaubte. Wie mir der Traum jedoch sagte, war die Situation innerlich noch nicht bewältigt. Ohne meinen struppigen Fuchs, der mich wohl schon ein Leben lang begleitete und deshalb so mitgenommen war, dürfte ich die Krise kaum bewältigen können (im Traum hatte ich das Gefühl, daß auch der Fuchs sehr knapp einer tödlichen Falle entkommen war).» Die Falle erweist sich also vor allem darin, daß sie als Ärztin jene junge Frau, ihre Patientin, zunächst außer Gefahr wähnt, während diese sich, wie die Ärztin allerdings schon vor dem Verlassen des Zimmers spürt, in akuter Lebensgefahr befindet, in nicht endenwollenden Krämpfen. Jene junge Frau, die objektstufig gesehen, eine wirkliche Patientin spiegelt, subjektstufig aber einen eigenen Anteil der Träumerin, der jünger ist als diese – sie ist «sehr zart und zerbrechlich» –, steht also dem energisch besonnenen Ich der Träumerin als Gegensatz gegenüber. Deren zarte zerbrechliche Seite also hat Krämpfe, die wegen ihrer Wiederkehr und anhaltenden Dauer lebensgefährlich sind und die sie verfrüht als überwunden ansah. Darin lag die Falle.
Eine weitere Falle aber stellte sich ihr dadurch, daß der junge Mann – eine männliche Seite in ihr, die aber hier in der Aufregung versagt – die letzte

verfügbare Ampulle eines krampflösenden Mittels fallen läßt. Sie zerbricht und ergießt sich über den Boden. In ihrer Verzweiflung saugt die Ärztin die Flüssigkeit mit ihrem eigenen Mund in eine Kanüle und führt diese ebenso mit dem Mund in die Vene der Patientin ein: Sehr unmittelbar also, unter Einsatz des eigenen Körpers, des Mundes, wendet sie sich der Patientin zu, diesem zarten, zerbrechlichen Teil ihrer selbst, und vermag diese zu retten. Es gelingt, da sie alle persönlichen Hemmungen und alle Vorschriften über Bord wirft und sich die Lebensgefahr der Patientin unmittelbar unter die Haut gehen läßt; es gelingt auch, da sie dazu den füchsischen Einfall hat, entgegen allen erlernten Regeln direkt einzugreifen. Ich denke, daß schon hier der Fuchs, der im darauffolgenden Bild erscheinen wird, als mitrettende und mitwirkende Kraft im Spiel ist, als derjenige, dem auch dort noch etwas einfällt, wo das Ich am Ende seiner Möglichkeiten gewesen wäre. Der Fuchs in ihr hat diese zarte, zerbrechliche junge Seite, die zu der Zeit sehr litt, zu retten gewußt, indem er das tatkräftig beherzte Ich auf deren große Gefährdung aufmerksam machte und damit verhinderte, daß das Ich aus dem Zimmer ging, sich abwandte; er hat dem Ich zugleich die rettende Idee zugespielt, auf keine äußeren Hilfsmittel mehr zurückzugreifen, sondern sich selbst, den eigenen Körper, ins Spiel zu bringen: sich gleichsam mit der kranken Seite völlig zu solidarisieren.

Der Preis für diese totale Hingabe ist eine große Erschöpfung des Ich: Wie zur Stärkung tritt der Tierhelfer aus dem Hintergrund, wird sichtbar als einer, der selber durch seinen Einsatz zerrupft und zerrauft, der aber gelassener geblieben ist und diesen stürmischen therapeutischen Prozeß offenbar gut überstanden hat. Die Träumerin kann sich auf ihn verlassen. Das zeigt sich auch darin, daß er ihr als groß erscheint: Sie hat ein großes Reservoir an Fuchskräften, dieser Fuchs ist kein mickriges Tier. Marie-Luise von Franz sagt einmal im Blick auf die Märchen, daß die Heldin oder der Held immer dann gerettet seien, wenn ein Tierhelfer in Erscheinung trete: auch wenn er daraufhin noch mannigfaltige Gefahren und Proben zu bestehen habe. Die Anwesenheit des Tierhelfers zeige, daß die Träumerin von nun an in Kontakt mit ihrer Instinktseite, ihrer Tierseele – die im Zeichen des Fuchses auch findig-listige Züge enthält – getreten ist. Ihr Seelentier, ihr Totemtier, geleitet sie künftig. So fühlt sie hier in der letzten Szene, daß sie überhaupt wieder mitten in der Natur, auch in ihrer eigenen Natur, steht: in diesem lichten sommerlichen Laubwald. Sommerlich: Das bedeutet auch, daß sie mitten im Leben steht, auch ihrem Alter gemäß.

Der Hinweis des Fuchses schließlich, den sie seinem etwas spöttischen Blick entnimmt: «Es ist gar nicht so leicht, einer Falle zu entkommen», besagt wohl, daß sie doch auch dazu neigt, solche Fallen, wie sie im Traum noch einmal dargestellt wurden, zu übersehen und zu unterschätzen. Wohl vor allem die wirkliche Gefährdung der zarten, zerbrechlichen Frau in ihr selbst hatte sie unterschätzt. Der Traum in seiner Eindringlichkeit macht sie aufmerksam: appelliert an die Ärztin in ihr, sich der Patientin in ihr anzunehmen und sich dabei auf den Fuchs in ihr zu verlassen. Der Fuchs in diesem Traum erinnert besonders stark an den Tierhelfer, wie wir ihn aus Märchen kennen, z.B. aus dem schon genannten Märchen «Der goldene Vogel», in dem der Fuchs durch alle Situationen, auch durch diejenige, in denen der Held sich ihm versagt, mitgeht und durch sein Auftauchen – indem er immer wieder seine intuitive Klugheit zur Verfügung stellt – die vertracktesten Lagen des Helden zum Guten zu wenden hilft. Auch hier glaubt sich der Held zu früh gerettet und muß erleben, wie dadurch, daß er einem entscheidenden Rat des Fuchses nicht folgt, alles noch einmal rückwärts geht und er – der schon mit allen Unterpfanden des Glücks auf dem Weg nach Hause ist – von seinen neidischen Brüdern noch einmal in den Brunnen gestoßen wird. In einem motivverwandten Bogomilen-Märchen aus Jugoslawien (Vaters Weinberg) tritt eine Füchsin auf; sie trägt einen eigenen Namen: Teta Lija.

Ich nenne die dem Traum vergleichbaren Märchenmotive auch deshalb, weil es keine mit dem Traum verwandtere Symbolsprache gibt als die der Märchen: Aus den Zusammenhängen einer Märchenhandlung läßt sich immer wieder besonders gut erschließen, was ein einzelnes Symbol, z. B. der Fuchs, bedeuten kann, in welchen Bezügen und Assoziationsfeldern, in welchem Kontext und welchen Konnotationen es steht.

Die Erlösung des Fuchses

Vom Fuchs zu träumen heißt immer auch, daß sich das, was der Fuchs verkörpert – Schlauheit, Witterungsvermögen usw. – für den Träumer noch auf der Tierstufe, im Instinktbereich befindet, daß es sich also «unwillkürlich» abspielt, instinktiv, aber noch nicht unserer bewußten Entscheidung und Verantwortung zugänglich ist.

So träumte eine Therapeutin in einem Fall, der ihr noch ganz unüberschaubar war, in dem sie aber durch einige intuitiv gewagte Interventionen sehr viel ins Rollen gebracht hatte, von einem Fuchs, der vor dem hohlen Baum lagerte, in dem sie sich mit ihrer Patientin aufhielt.

Dieser Traum zeigte ihr deutlich, daß sie sich diesen Fuchs ins Bewußtsein holen mußte, der die therapeutische Situation zwar schützend bewachte, aber den Ausgang aus dem hohlen Baum – aus der zu der Zeit sehr symbiotischen Beziehung, in der die Therapeutin stark in die Mutterrolle geraten war – auch blockierte.

Fuchsträume enthalten also immer auch die Aufforderung, solche wie autonom ablaufenden «instinktiven Einfälle und Entschlüsse, mögen sie auch noch so hilfreich gewesen sein, voll ins Bewußtsein zu heben und die Verantwortung für sie zu übernehmen.

In dem schon öfters erwähnten Märchen «Der goldene Vogel» bittet der Fuchs, als seine Aufgaben erfüllt sind, auf das flehentlichste, der Held dieses Märchens, der ihm bisher alles verdankt, möge ihn töten. Er will dem Helden damit bedeuten, daß er diese Form, die Fuchsgestalt seines intuitiven Wissens und Handelns, nicht mehr braucht. Es geht für ihn um Loslösung und Ablösung von diesem autoritär bestimmenden Instinkt. Es geht darum, auf das unbewußte Füchsische, für das ich die Verantwortung nicht übernehme, zu verzichten und statt dessen selber und bewußt klug, findig und kreativ-listig zu werden: letztlich weise.

Vor allem gilt es, selber ein Gefühl, ein Gespür für den eigenen Weg zu entwickeln. Der getötete Fuchs nämlich wandelt sich zum Menschen und ist damit selbst «erlöst». Er ist in den entsprechenden Menschen nun integriert, ist ihm zu eigen geworden. Doch gilt das alles erst, wenn die ärgste Not überstanden ist. In der Waldwildnis verirrt, orientierungslos, in Gefangenschaft und Todesgefahr – wie in diesem Märchen (Der goldene Vogel) und in den Träumen geschildert – ist es lebensrettend, dem Fuchs oder der Füchsin zu begegnen.

Sie gehen mit, solange der Held, die Heldin oder wir selber ihrer unbedingt bedürfen: solange wir – und das geschieht immer wieder – dem Unbewußten die Führung überlassen müssen und sollen. Doch es liegt gerade in der tiefen Weisheit dieser Tiere begründet – auch Teta Lija, die Füchsin in dem jugoslawischen Märchen, verabschiedet sich, als der Held die bei ihr erlernte Klugheit selbst bewähren muß –, daß sie sich überflüssig machen bzw. um einen Wandlungstod und um Erlösung bitten, wenn die Zeit dafür reif ist, daß der Held autonom wird: daß wir den Weg, den etwa ein Fuchs-Traum als Wegweiser uns erschlossen hat, nun selbständig weitergehen.

Anhang: Der reale Fuchs

Der Fuchs sieht einem Hund ziemlich ähnlich: Er ist auch ein Wildhund oder ein «Hundeartiger», wie Grzimek ihn bezeichnet: «Kleine bis mittelgroße Hundeartige mit großen Ohren, verlängerter Schnauze und langem buschigem Schwanz sind die echten Füchse (Gattung Vulpes), die in neun Arten ein großes Verbreitungsgebiet von Nordamerika und Europa bis zum größten Teil Afrikas und weiten Teilen Asiens andererseits bewohnen» (247).

Wir erfahren weiter, daß der Rotfuchs eine Körperlänge von 60–90 cm aufweist, eine Schwanzlänge von 35–40 cm, eine Höhe von 35–40 cm und ein Gewicht von 7 kg. Er ist standorttreu, im Gegensatz zum weit umherschweifenden Wolf und auch Steppenwolf. Wie alle Wildhunde ist er stehohrig, die Zehen der Vorder- und Hinterbeine sind schwarz, so daß er «schwarzgestiefelt» erscheint. Die behaarten Lippen sind weißlich, die helle Färbung zieht sich über die ganze Kehle und Vorderbrust. Das Fuchsrot der Oberseite ist am reinsten vom Oberkopf bis etwa zur Rückenmitte sowie an den Hinterläufen. Der außerordentlich lange

Schwanz ist rötlich mit schwarzen, gelben oder grauen Schattierungen, der «Birkfuchs» hat eine weiße, der «Brandfuchs» eine schwarze Schwanzspitze.

Seit Äsops Zeiten gilt er als Inbegriff der List und der Schlauheit; der ihm im 11. Jahrhundert gegebene Volksname Reinhard (franz. Renard) bedeutet: «Der durch seine Schlauheit Unüberwindliche». «Im lockeren Neuschnee ist der Abdruck des Schwanzes meist nur ein Wischer in der Schneedecke, den man zuweilen deutlich erkennen kann. Man hat dem schlauen Meister Reineke angedichtet, daß er absichtlich seine Spuren verwische...» Geht der Fuchs im Winter einmal über Neueis, so kann man ihm ziemlich unbedenklich folgen. Das Wort: «Trägt's den Fuchs, so trägt's den Jäger» hat in Anbetracht der Vorsicht des Fuchses seine Berechtigung. Auch im Moor zeigen die Fuchspässe gewöhnlich an, daß hier auch für Menschen ein Weg ist» (248).

Zwei Drittel aller Fuchsbauten liegen nach Südwesten, Süden oder Südosten - der Fuchs bevorzugt also deutlich die Sonnenseiten und die Sonnenwärme, wohin er dann seine Kleinen gerne hinausträgt. Größere Bauanlagen sind meist vom Dachs angelegt und werden dann von Fuchs und Dachs gemeinsam bewohnt. Im Reinhardswald ist ein Großbau behaust, von dem schon um 1880 die

Förster wußten: solche Baue haben 10–15 Ausgänge. Außer Fuchs und Dachs können Iltisse, Katzen, Wildkaninchen, mitunter auch Steinkäuze und an der Nordsee sogar Brandgänse in dieser Wohngemeinschaft mitleben, in der dann eine Art «Burgfrieden» herrscht.

Die bekanntesten Stimmlaute des Fuchses «sind ein heftiges Keckern im Kampf oder bei Bedrohung, leise Winsel-, Kläff- und Knurrlaute als Verständigungsmittel zwischen Mutter und Jungen; ein kurzes Wau als Warnlaut und ein in größeren Zeitabständen wiederholtes langgezogenes wie «hau» klingendes Bellen als Sehnsuchts- und Verlassenheitsruf; ähnlich, nur heiserer, klingt auch der Schmerzensruf des an Tollwut erkrankten Fuchses. Ein lautes Kreischen vernimmt man in der Ranzzeit und bei angeschossenen Füchsen.

Die Hauptnahrung des Fuchses besteht aus Mäusen, besonders Wildmäusen, von denen man einmal 48 Stück in einem Fuchsmagen gefunden hat. Wenn ihn der Hunger treibt, ist er ein sehr vielseitiger Jäger und nimmt alles, was er erwischen kann: vom Reh über Hausgeflügel bis zu Insekten. Vögel überlistet er durch Sich-tot-stellen und schätzt auch deren Eier. Dabei ist er ein «Schlinger», der seine Beute fast ohne zu kauen hinunterschlingt. Daß der Fuchs auch Weintrauben liebt, weiß das Sprichwort. Grzimek beschreibt ihn

auch als Beerenliebhaber: «Ich habe aber auch schon einen Fuchs beim Himbeerpflücken beobachtet, wie er mit geschürzten Lippen fein säuberlich die reifen Beeren von den weißen Fruchtträgern abzog» (250).
Die Fortpflanzungszeit (Ranzzeit) fällt gewöhnlich in die Monate Januar und Februar. Oft sind die Füchse dann den ganzen Tag auf den Beinen. Nach siebeneinhalb Wochen Tragzeit bringt die Fähe drei bis fünf, manchmal auch mehr Junge zur Welt.
Der Fuchsbestand erhält sich in Europa trotz der hohen Bejagung, die in der Tollwutepidemie begründet ist, die seit rund 30 Jahren in Westeuropa als die größte je in der Wissenschaft bekanntgewordene herrscht. Der Rüde beginnt bald nach der Geburt der Jungen die Fähe mit Futter zu versorgen und übergibt es ihr, etwa 200 m vom Bau entfernt. Er beteiligt sich mitunter auch an der Führung der Jungen. Doch glückt den Jungfüchsen selbst ohne Führung der Übergang zum Freileben.
Die natürlichen Feinde des Fuchses sind selten geworden: Stein- und Seeadler gehören zu ihnen. In einem Adlerhorst fanden sich 15 Fuchsschädel. Habicht und Uhu überfallen Jungfüchse. Auch im Kampf mit der Hauskatze bleibt der Fuchs nicht immer Sieger. «Ein erwachsener Fuchs

schützt sich vor seinen Feinden durch seine Sinnesschärfe, seine Beweglichkeit, die gewandte Ausnutzung der Deckung, ferner durch Einschlüpfen in seinen Bau und schließlich durch sein scharfes Gebiß» (252).
Den Ruf der Schlauheit hat der Fuchs wohl vor allem durch seine große Vorsicht und Scheu gegenüber seinen Feinden erworben: Der Wolf ist ihm tatsächlich an Intelligenz überlegen. Dagegen betont Grzimek die Zähmbarkeit auch des Rotfuchses: «Einzeln aufgezogene Jungfüchse werden sehr zahm und lassen sich sogar an die Leine gewöhnen. Sie leisten dann Vorzügliches beim Aufspüren des Wildes, sind aber verhältnismäßig schreckhaft und wegen ihres starken Eigengeruchs als Stubengenossen nicht zu empfehlen» (252).

Literatur

Bächtold-Stäubli, Hanns (Hrsg.): Handwörterbuch des deutschen Aberglaubens, Bd. III. Berlin/Leipzig 1942

Drewermann E./Neuhaus I.: Der goldene Vogel (Grimms Märchen tiefenpsychologisch gedeutet). Walter, Olten 1982, 1984

Grzimek, Bernhard: Enzyklopädie des Tierreichs, Bd. 10: Säugetiere I, zu Fuchs. dtv, München 1979

Hark, Helmut: Traumbild Baum (Träume als Wegweiser). Walter, Olten 1986

Kast, Verena: Traumbild Wüste (Träume als Wegweiser). Walter, Olten 1986

- Das singende springende Löweneckerchen, in: Mann und Frau im Märchen. Eine psychologische Deutung. Walter, Olten 1983, 1985

Vaters Weinberg, in: Wege ins andere Land. Serbische Volksmärchen und Legenden. Mellinger, Stuttgart 1972

Von der Frau Füchsin, in: Kinder- und Hausmärchen der Brüder Grimm. Vollständige Ausgabe in der Urfassung. Hrsg. v. Friedrich Panzer, Wiesbaden o. J.

Die Autorin

Ingrid Riedel, *Jahrgang 1935, Studium der Theologie (Dr. theol.), Literatur und Sozialpsychologie (Dr. phil.), Ausbildung in Analytischer Psychologie am C. G. Jung-Institut Zürich. 1970–84 Studienleiterin der Ev. Akademie Hofgeismar, Psychotherapeutin in Konstanz, Dozentin am C. G. Jung-Institut, Lehraufträge an den Universitäten Kassel und Zürich. Zahlreiche Publikationen, davon im Walter-Verlag die mit dem Traum eng zusammenhängenden Themen:*

Marc Chagalls Grüner Christus. *Ein ganzheitliches Gottesbild – Wiederentdeckung der weiblichen Aspekte Gottes*

Tabu im Märchen. *(Die Patin – Bekennst du? – Die Sonnenmutter – Die drei goldenen Äpfel – Der Wunderschimmel – Eisenhans)*

Ingrid Riedel

Marc Chagalls Grüner Christus

Ein ganzheitliches Gottesbild – Wiederentdeckung der weiblichen Aspekte Gottes
Tiefenpsychologische Interpretation der Fraumünster-Fenster in Zürich

119 Seiten mit einer Vierfarbtafel und 20 Strukturzeichnungen

«Die in analytischer Psychologie ausgebildete Theologin und Literaturwissenschaftlerin ist im Unbewussten und Visionären bewandert und kann deshalb weniger auf der Hand liegende Perspektiven öffnen. Schrittweise macht einen die Autorin mit dem Symbolreichtum der Fenster vertraut. Durch tiefenpsychologische Interpretation zeigt sie auf, inwiefern diese Gestaltungen Chagalls der Tradition etwas Neues beifügen: die Symbole der Natur und des Weiblichen werden wieder in die patriarchalische Religion hereingeholt.»
Schweizer Politische Korrespondenz 40/1985

Walter-Verlag

Ingrid Riedel

Tabu im Märchen

Die Rache der eingesperrten Natur

208 Seiten, interpretierte Märchen: Die Patin, Bekennst du?, Die Sonnenmutter, Die drei goldenen Äpfel, Der Wunderschimmel, Eisenhans

«In vielen Märchen ist es verboten, eine bestimmte Tür zu öffnen, ein bestimmtes Zimmer zu betreten ... Tabus sind ja da, um gebrochen zu werden, wenn der oder die, die es brechen, genug Kräfte haben, um die Folgen des Tabubruchs, einen notwendigen Entwicklungsweg nämlich, auf sich zu nehmen. Anhand von verschiedenen Märchen spürt Ingrid Riedel dem Geheimnis dieser verbotenen Zimmer nach ... In ihren subtilen, anregenden Interpretationen, die uns unaufdringlich immer auch mit unseren eigenen verschlossenen Zimmern in Zusammenhang bringen, weist sie schlüssig nach, daß allgemein gesprochen in diesen Räumen alles steckt, was von der herrschenden Kultur ausgesondert worden ist, was wir aber für ein volles Menschsein dringend benötigen.»
Verena Kast (St. Galler Tagblatt vom 19. 12. 1985)

Walter-Verlag